高校における 学びと技法

――探究で資質・能力を育てる

田口 哲男 著

一藝社

はじめに

本書は、高等学校の教員と大学で教職課程を学び将来教員を目指す学生を対象に、執筆したものです。

高等学校では、2018年3月に公示された新しい高等学校学習指導要領（以下「高等学校学習指導要領（2018）」）が2022年度の入学生から段階的に実施されることもあり、現在そのための準備に追われているところかと思います。

高等学校学習指導要領（2018）では、①生徒が未来社会を切り拓くための資質・能力を一層確実に育成することを目指し、その際、求められる資質・能力とは何かを社会と共有し、連携することを重視する、②知識及び技能の習得と思考力、判断力、表現力等の育成とのバランスを重視しながら知識の理解の質をさらに高め確かな学力を育成する、③道徳教育の充実や体験活動を重視し体育・健康に関する指導を充実することにより、豊かな心や健やかな体を育成する、などを基本的なねらいにしています。

ところで、高等学校学習指導要領（2018）に移行するために必要な措置（以下「移行措置」）が2018年に文部科学省から通知されました。2019年度からこの移行措置により実施することになったために、各学校ともその具体化に向けてどのように行うか試行錯誤しているところかと思います。

特に2019年度から実施の「総合的な探究の時間」については、従来の「総合的な学習の時間」から改められるとともに、その内容も新高等学校学習指導要領に依拠することになりました。「特別活動」についても同様にその内容は、新高等学校学習指導要領によることになります。このことは高等学校学習指導要領において「総合的な探究の時間」や「特

別活動」が、育成を目指す資質・能力の３つの柱を育てるためのキーとなるものであり、資質・能力を育てるためにはより効果がある教科・科目等であるからといえます。ところがこれまで、「総合的な学習の時間」や「特別活動」は学校現場では、教科・科目に比べてあまり重視してきませんでした。どちらかというとこの２つを体系的に実施することで資質・能力を育成しようとするような体系的なものはなく、それらの内容についてはイベント的なものの寄せ集めであり、その時々で実施する必要が出てきた内容をつぎはぎ的に行うような時間でした。

　本書は、『高校生に確かな学力をつける』（学事出版、2018）の内容をベースにしながら、新高等学校学習指導要領においてキーワードとなっている「育成を目指す資質・能力の明確化」「主体的・対話的で深い学びの実現」「カリキュラム・マネジメントの推進」について解説するとともに、2019年度から先行実施が始まった「総合的な探究の時間」「特別活動」等についても「高等学校学習指導要領（平成30年告示）解説」（文部科学省）を参照に解説しています。

　最後になりましたが、一藝社の小野道子社長には本書の企画から刊行に至るまで多大なご支援をいただきました。ここに記して感謝申し上げます。

　　2019年10月

　　　　　　　　　　　　　　　　　　　　　　　　著者　田口哲男

　※高等学校学習指導要領では各教科に属する科目を「各教科・科目」といい、
　　そこに総合的な探究の時間と特別活動を加えると「各教科・科目等」とな
　　ります。

もくじ

はじめに *1*

第1章　なぜ教育改革なのか

第1節　激動する知識基盤社会　*7*

第2節　ポスト明治150年　*8*

第3節　明治以来の教育システム大改革　*10*

第4節　AIと競い共に働く　*12*

第5節　高大接続改革　*15*

第6節　社会に開かれた教育課程　*16*

第7節　従来の教育とこれからの教育　*18*

第8節　日本の高校生は受け身が好き　*20*

第9節　先生の意識改革　*22*

第10節　「何ができるようになるのか」からスタート　*24*

第2章　学びの技法

第1節　見方・考え方　*26*

第2節　「問題解決」と「課題解決」　*28*

第3節　大切なのは自分事として捉えること　*29*

第4節　アウトプットを重視する　*31*

第5節　高等学校の学びと社会の学び　*33*

第6節　PDCAサイクル　*34*

第7節　ラーニングピラミッド　*36*

第8節　見通しと振り返り　*39*

第9節　知的な初心者　*40*

第10節　多様な学び方を行う　*42*

第11節 コーチングとティーチング 44

第12節 二つの資質・能力 46

第13節 リーンスタートアップ 47

第14節 PISA型読解力の養成 49

第3章 カリキュラム・マネジメント

第1節 カリキュラム・マネジメントを実施 52

第2節 カリキュラム・マネジメント 54

第3節 アクティブ・ラーニングとカリキュラム・マネジメント 55

第4章 アクティブ・ラーニング型授業

第1節 高等学校の授業形態はいまだに一方向型が主流？ 57

第2節 アクティブ・ラーニングは目的に応じてふたつある 59

第3節 アクティブ・ラーニングの手法を使うメリット 60

第4節 アクティブ・ラーニングの視点 62

第5節 いわゆるアクティブ・ラーニング 64

第6節 アクティブ・ラーニングで知識の習得 66

第7節 アクティブ・ラーニングに対して親が苦情 67

第8節 アクティブ・ラーニング型授業① 69

第9節 アクティブ・ラーニング型授業② 71

第10節 「アクティブ・ラーニング」が消えました 73

第5章 主体的・対話的で深い学び

第1節 授業改善を行うときの三つの視点 75

第2節 主体的・対話的で深い学び① 76

第3節 主体的・対話的で深い学び② 78

第4節 主体的・対話的で深い学びの実現 80

第5節 主体的・対話的で深い学びの実現に向けた授業改善 82

第6節 主体的・対話的で深い学びの実現に向けた授業改善の推進す

るときの留意事項　*84*

第6章　総合的な探究の時間

第1節　総合的な探究の時間と総合的な学習の時間の目標の違い　*87*

第2節　総合的な探究の時間と他教科・科目　*89*

第3節　探究の見方・考え方　*91*

第4節　自己の在り方生き方を考えながら、よりよく課題を発見し解決していく　*94*

第5節　総合的な探究の時間で育む知識・技能　*96*

第6節　「知識・技能」と「思考力、判断力、表現力等」　*98*

第7節　考えるための技法　*100*

第8節　考えるための技法の例と活用の仕方　*102*

第9節　学習の過程を探究の過程へ　*105*

第10節　探究の過程①：課題の設定　*107*

第11節　探究の過程②：情報の収集　*109*

第12節　探究の過程③：整理・分析　*111*

第13節　探究の過程④：まとめ・表現　*113*

第14節　問いを見出し、自分で課題を立てる　*114*

第15節　探究の過程を通して思考力・判断力・表現力を養う　*116*

第16節　探究を通して主体的・協働的な態度を養う　*119*

第17節　校長のリーダーシップ　*121*

第18節　校内推進体制の整備　*123*

第19節　総合的な探究の時間のための教員研修　*128*

第20節　総合的な探究の時間のための教員研修の具体例　*129*

第7章　特別活動と道徳教育

第1節　特別活動の目標　*132*

第2節　特別活動への大きな期待　*134*

第3節　特別活動が変わります　*135*

第4節　特別活動の意義　*137*

第5節　特別活動の方向性　*139*

第6節　特別活動で育成を目指す資質・能力　*142*

第7節　ホームルーム活動における学習過程　*144*

第8節　キャリア教育の要としての特別活動　*147*

第9節　特別活動と生徒指導（含むいじめの未然防止）　*149*

第10節　特別活動と総合的な探究の時間　*151*

第11節　特別活動と道徳教育　*153*

第12節　道徳教育の必要性　*156*

第13節　道徳教育の充実　*157*

第8章　学習評価

第1節　多様な評価のやり方　*159*

第2節　ルーブリック　*161*

第3節　学習評価　*164*

第4節　総合的な探究の時間の評価　*165*

第5節　評価規準の設定と評価方法の工夫改善　*167*

第6節　特別活動の評価　*168*

引用・参考文献　*171*

著者紹介　*174*

装丁──本田いく

第1章

なぜ教育改革なのか

第1節≫ 激動する知識基盤社会

世界は産業革命以降約3世紀にわたって、産業を発展させ、モノをつくり出し、資本主義を発展させることで、国家の近代化を推進する「産業主義社会」がずっと続いてきました。しかし近年、この「産業主義社会」から新たな社会へと移行しつつあります。「第5期科学技術基本計画」(内閣府2016年)においては、「超スマート社会」、「Society 5.0」が示され、また「日本経済2016-2017 −好循環の拡大に向けた展望−」(内閣府、2017年)においては、第4次産業革命について示されています。

ところで、中央教育審議会(以下「中教審」)の2005年の答申「我が国の高等教育の将来像」では、新しい知識・情報・技術が、政治・経済・文化をはじめ社会のあらゆる領域での活動の基盤(土台)として飛躍的に重要性を増す社会、このような社会を「知識基盤社会(knowledge-based society)」と定義しました。最初に「知識基盤社会」という言葉が使われてからすでに15年以上経ちますが、現在の社会はまさに激動の「知識基盤社会」といえるのではないでしょうか。

「知識基盤社会」の持つ特別な性質(特質)として、

① [知識には国境がない] グローバル化が一層進む。

② [知識は日進月歩(絶えず進歩する)である] 競争と技術革新が絶え間なく生まれる。

③ [知識の進展は旧来のパラダイムの転換(いままでの社会の規範や価値観が変わることを伴うことが多い] 幅広い知識と柔軟な思考力に基

づく判断が一層重要になる。

④性別や年齢を問わず（多様性）社会に参画することが促進される。

以上 4 点が示されています。

「知識基盤社会」では、知識は絶えず更新されており、「やっとのことで得た新しい知識であっても、あるときふと気づいたときにはすでに役に立たなくなっている」というようなことが往々にして起こります。「知識基盤社会」では絶えず知識の更新が行われるので、学び続ける必要があります。「学び」を学校で終わりにせず、生涯にわたって続けることが大事になってきました。すなわち、学校では、卒業後も生涯にわたって学び続けられるように、生徒に「学ぶ方法」や「学ぶ姿勢」を身に付けさせる必要が出てきました。

また、社会構造や雇用環境は大きくかつ急速に変化しており、予測が困難な社会となってきました。学校ではこのような時代を生き抜ける資質・能力を育成することが急務になってきましたが、これらの資質・能力を簡単に身に付けることはできません。幼稚園から初等中等教育、そして高等教育へ一貫した流れ、長期的なスパンの中でしか育成することはできないものだと思います。

最近、「探究」「学力の三要素」「育成すべき資質・能力」「主体的・対話的で深い学び」「アクティブ・ラーニング」「社会に開かれた教育課程」「カリキュラム・マネジメント」等々今までにはなかった、あるいは知られていなかった用語がどんどん登場してきます。社会が大きく変化更にそれは加速されると予想されるだけに、教育もそれに対応できるように当然変化しなければならないと思います。

第2節 ≫≫ ポスト明治 150 年

平成 30（2018 年）年は、明治元（1868）年から満 150 年の年に当たり

ます。この 2018 年という節目の年に、中教審は 2040 年の社会をターゲットとした「2040 年に向けた高等教育のグランドデザイン」を答申しました。なぜ 2040 年なのか。それは 2040 年という年は、平成 30 (2018) 年に生まれた子どもたちが、現在と同じ教育制度を前提とすると、大学の学部段階を卒業するタイミングとなる年だからです。答申では「2040 年を迎えるとき、どのような人材が、社会を支え、社会を牽引することが望まれるのかについては、後述する社会の変化を前提として考える必要がある。これからの人材に必要とされる資質や能力については、OECD におけるキー・コンピテンシーの議論をはじめとして、21 世紀型スキル、汎用的能力など、これまで多くの提言が国内外でなされてきた。これは、将来においても、陳腐化しない普遍的なコンピテンシーであると考えられている」とあります。

　明治以降、近代国家へと踏み出した日本は、明治期において多岐にわたり近代化への取組を行い、国としての基本的な形を築き上げてきました。教育についても、江戸時代から藩校、寺子屋や私塾などの教育機関はありましたが、系統的な学校制度はありませんでした。明治 5 (1872) 年に、近代学校教育制度の法律である「学制」を公布するとともに、身分・性別に区別なく国民皆学をめざし義務教育を導入して教育システムの基礎を確立しました。この「学制」の公布から 75 年を経て、昭和 22 (1947) 年には現代学校制度の根幹を定める「学校教育法」が制定されました。そして、今また、それからさらに 75 年近くが経ちました。文部科学省は、この明治元年から 150 年という節目に、これまでの蓄積や世界の教育の潮流を踏まえつつ、新しい時代にふさわしい学校教育の在り方を踏まえたシステムの構築を目指しました。それを実現するために、「高大接続システム改革会議」(2016) が、高等学校教育と大学教育と大学入学者選抜を一体的に改革していくための基本的な内容と実現のための具体的な方策を「最終報告」に示しました。

　これまで日本は、明治以来、学制や学校教育法の制定によって学校教

育制度を大きく変えてきましたが、この高大接続システム改革はそれに匹敵する大きな改革になります。

　今から10年20年後の社会、更にその先の未来においては、一人一人が、自分の価値を認識するとともに、相手の価値を尊重し、多様な人々と協働しながら様々な社会的変化を乗り越え、よりよい人生とよりよい社会を築いていくことが大切です。

　グローバル化は、社会に多様性をもたらし、急速な情報化や技術革新は、人間生活を質的にも変化させるといわれています。こうした社会的変化の影響が、身近な生活も含め社会のあらゆる領域に及んでいる状況下では、教育の在り方も当然新たな状況に直面しているといえます。そのために、新学習指導要領では、学校を変化する社会の中に位置付け、学校教育の中核となる教育課程を工夫することで、よりよい学校教育を行い、それを通じてよりよい社会を創っていくことを目標としています。またそれを学校と社会とで共有し、学校と社会が連携・協働することで、その実現を図っていく「社会に開かれた教育課程」を目指すべき理念として位置付けています。

第3節 »»» 明治以来の教育システム大改革

　明治以来の教育システムの改革は、東京オリンピック開催の2020年をターゲットイヤーとして、10年20年以降の社会の変化を踏まえながら、新しい時代を生き抜くために必要な資質・能力を明確にし、それを育てることを目指して、準備が進められているといわれています。

　2014年12月に中教審から「新しい時代にふさわしい高大接続の実現に向けた高等学校教育、大学教育、大学入学者選抜の一体的改革について」（以下「高大接続改革答申」）が答申され、それを受け2015年1月に「高大接続改革実行プラン」が文部科学大臣決定されました。さらに

「高大接続システム改革会議」がプラン実現のためのロードマップを約1年かけて検討し、その「最終報告」(2016) を公表しました。

　また、当時の文部科学大臣の下村は「初等中等教育の教育課程の規準等の在り方について」(2014) を中教審に諮問し、それを受け「中教審教育課程企画特別部会」が新しい学習指導要領の方向などについて検討し、「論点整理」(2015) を公表しました。

　「高大接続システム改革会議」が高等学校教育、大学教育、大学入学者選抜について、「教育課程企画特別部会」が義務教育や高等学校教育について、それぞれの段階で果たすべき役割や身に付けるべき資質・能力などを明確に示しました。

　これにより、幼稚園から初等中等教育、そして高等教育までの一貫教育システムの方向が示され、その構築に向けて現在それぞれが大きく動き出しているといえます。

　グローバル化は日本社会に多様性をもたらし、また、急速な情報化や技術革新は私たちの生活を質的にも大きく変化させています。こうした社会的変化の影響が、身近な生活を含め社会のあらゆる領域においてすでに及んでいますが、教育についてもその在り方が新たな局面を迎えたといえます。

　「最終報告」や「論点整理」では、将来の変化を予測することが困難な時代を前に、子どもたちには、現在と未来に向けて、自らの人生をどのようにデザインしていったらよいのか、また、自らの生涯を生き抜く力を培っていくことが問われる中、新しい時代を生きる子どもたちに、学校教育は何を準備しなければならないのか、示しています。

　中教審が 2016 年に答申した「幼稚園、小学校、中学校、高等学校及び特別支援学校の学習指導要領等の改善及び必要な方策等について」(以下「次期学習指導要領答申」) では「我が国の近代学校制度は、明治期に公布された学制に始まり、およそ 70 年を経て、昭和 22 年には現代学校制度の根幹を定める学校教育法が制定された。今また、それから更に

70年が経とうとしている。この140年間、平成18年の教育基本法の改正により明確になった教育の目的や目標を踏まえ、我が国の教育は大きな成果を上げ、蓄積を積み上げてきた。この節目の時期に、これまでの蓄積を踏まえ評価しつつ、新しい時代にふさわしい学校教育の在り方を求めていく必要がある。

　本答申は、2030年の社会と、そして更にその先の豊かな未来において、一人一人の子供たちが、自分の価値を認識するとともに、相手の価値を尊重し、多様な人々と協働しながら様々な社会的変化を乗り越え、よりよい人生とよりよい社会を築いていくために、教育課程を通じて初等中等教育が果たすべき役割を示すことを意図している（p1）」とあります。文部科学省では、これまでの日本の教育の流れや現在の世界の教育の流れを踏まえつつ、新しい時代にふさわしい学校の在り方を求め、新たな学校文化を形成していく必要からこの大きな改革を進めることを決意したようです。

第4節 »»» AIと競い共に働く

　2017年1月30日付日本経済新聞に「AIと世界―AIと競い共に働く―」という記事がありました。

　「優秀な頭脳を持つ人」が集まる職場としてイメージされるのが、司法や医療の世界ですが、その領域ですら今日AIが足を踏み入れようとしているとのことです。英国のユニバーシティ・カレッジ・ロンドンのニコラオス・アレトラス博士は「AI裁判官」を開発しました。妥当な判決を下せるかを試すと、実際の判決に照らし合わせた的中率は79%に達したそうです。また慶応義塾大学では医師国家試験に解答するAIを開発中とのことで、このAIは、医師国家試験の過去の問題から学習する機能などにより正解率が上がり、すでに合格間近に達しているそう

です。これらの研究は法律家や医師の仕事を手助けすることを狙いとしていますが、AIが極めて高度な知力を手にしつつあることを示しています。AIは膨大な資料を読み、分析できます。複雑な計算も瞬く間にこなすことができます。人間のできないことや難しいことを、領域によってはいとも簡単にこなしてしまいます。

これまで、ロボット（機械）やコンピュータが肉体労働や事務作業から人間を解放してきましたが、近い将来、AIが進出する分野はますます広がるといわれています。例えば、自動運転や自動翻訳の技術がもし実用化されれば、通訳や翻訳、バスやタクシーの運転手は要らなくなってしまいます。人間の職業がうかうかするとAIに取って代わられて、どんどんなくなってしまうということが、現実味を帯びてきました。

このように、AIが普及する時代の到来に向けて人間は何を磨くべきか、というのがこの記事の内容でした。

知識の詰め込みだけで勝負しようと思ってもAIに対抗することはできません。

総務省の平成30年度版情報通信白書「AI時代に求められる能力」には、AIの普及に対応するために企業が従業員に求める能力を調べた「平成29年通信利用動向調査」があり、それによると「「論理的思考などの業務遂行能力」で最も割合が高い（図1）。同様に、「企画発想力や創造性」、「人間的資質」についても、40％以上の企業が従業員に求める能力として挙げている。業務遂行能力、創造性、人間的資質は、どのような仕事に就いていても求められる能力であるから、AIが普及し業務の自動化が進んだ社会においても、これらの基礎的な能力の重要性は変わらないと考えられる。」「AIなどの社会実装が進んだ社会においても、企業が求める業務遂行能力等の基礎的な能力の必要性は変わらないと考えられるが、個別業務に対応したスキルは業務の効率化が進むことや、新たな職業が創出されることにより、変化することが予測される。」とありました。

AI時代において求められる能力は、どのような仕事に就いていても求められる汎用的な能力である業務遂行能力、創造性、人間的資質でしょう。それらは基盤となる能力です。ただ、業務の効率化が進み、新たな職業が創出されることにより変化することが予測されるので、どのようなものが求められるのかはわかりません。今後は新たに創出される職業に求められるスキルの習得は必要になるでしょう。ですから、新しい時代を生きる生徒には能動性や思考の柔軟性を身に付けさせる必要を感じます。そのためにも授業では受動的になりやすい一方向の知識の伝達注入型の講義は必要以上に行わず、「主体的・対話的で深い学び」を実現するための教え方学び方を教師は研究してほしいと思っています。

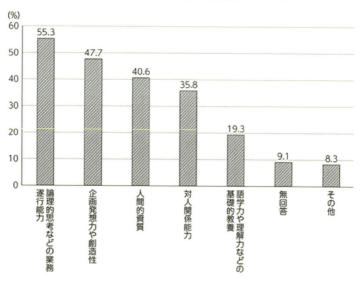

図1　AIの普及に対して企業が従業員に求める能力

（出典）総務省「平成29年通信利用動向調査」(2018)

第1章 > なぜ教育改革なのか　　15

第5節 >>> 高大接続改革

　新聞紙上では、2020年度から大学入試センター試験が廃されて大学入学共通テストが導入されること、その大学入学共通テストでは数学や国語では記述式問題が導入され、英語では4技能（読む・聞く・話す・書く）が評価されることが取り上げられています。

　しかし、大学入学者選抜（以下「大学入試」）の改革は文部科学省が進めている改革の一部でしかありません。高等学校教育と大学教育、その接続部分である大学入試を一体的に改革することを意図して、「高大接続改革答申」が出されました。この三者の一体的な改革を「高大接続改革」と呼んでいます。改革の工程表はすでに文部科学省から公表され、それを基に進められています。大学入試のみが新聞などで大きく取り上げられていますので、多くの人は、なぜ大学入試改革を急に行うのかわからないかと思います。

　今の日本社会は、技術革新などにより産業構造の変化が急激に進んだり、グローバル化やパラダイム転換が起こったりして激しく変化しているといわれます。今後はさらに加速度的に変化が進むともいわれています。この改革は、いまの子どもたちが予見の困難な時代を生き抜くための能力を身に付けられる教育システムに変えることを目指しています。

　これまでの日本では、知識をたくさん持ち、時間をかけずに必要な知識を再現できる人が一般的には優れているとされてきました。20世紀の日本は工業化社会でした。したがって仕事の効率化を図るために、全員が一定の共通した知識を持ちながら、リーダーの指示の下、一律に行動することが求められ、指示どおり忠実に仕事を行うことで評価されました。

　教育も同様で、明治以来、日本の学校教育のスタイルは、授業で教師から一方向の講義を黙って受け、たとえわからなくても他者と話すこと

もなく、忍耐強く授業が終わるまで座っている、指示されたらそれを着実に行う、などでした。ルーティンワークが速く正確にでき、集団でも指示どおりに行動できる生徒が評価されました。

21世紀になり、知識・情報・技術がすぐに更新され、それらが社会のあらゆる領域での活動の基盤となる「知識基盤社会」となりました。社会では知識の量が多いだけでは必ずしも優位とはいえなくなりました。知識に加え、その知識を使う思考力、判断力、表現力等の能力が重視されてきました。さらに、変化する社会に対応するために主体性を持ちながら様々な課題に対して、多様な人々と協働できる能力も求めらるようになりました。

求められる能力が、今までとこれから先では全く異なるので、教育の仕組みを変えていかなければならないのは当然のことです。学校現場では教師の多忙もあってか、新しい教育の方向を理解したり、そのための教師の資質・能力を向上させたりする取組はまだ少ない気がします。各都道府県においてもまだ十分とはいえませんが、各教育センター等を中心に教師に対して研修を行っていますが、それぞれの教師が自分のこととして考え、教育の方法についてのパラダイム転換をして、教育の質的転換を図ることが大切かと思います。

第6節 »» 社会に開かれた教育課程

2016年の中教審教育課程部会の「次期学習指導要領等に向けたこれまでの審議のまとめについて（報告）」（以下「審議のまとめ」）によると、新しい学習指導要領においては、学校に対して、①教育課程を通じて、子どもたちが変化の激しい社会を生きるために必要な力の育成を目指していくこと、②社会との連携・協働を重視しながら学校の特色づくりを図っていくこと、③現実の社会との関わりの中で豊かな学びを実現していくこ

と、を求めています。

　それらを実現するためには、学校が、社会や世界と接点を持ちつつ、多様な人々とつながりを保ちながら学べる環境となることが不可欠です。また、社会の中の学校であるためには、社会や地域とのつながりを意識し社会がどんなことを求めているのかを考え、教育課程が社会や地域とつながりを持っていることが必要になります。

　ちなみに教育課程とは、当該校が学習指導要領に基づき、生徒の実態や地域の実情を踏まえながら設定した教育目標を実現するための教育計画のことです。新しい学習指導要領においては、この教育課程を、学校教育を通じて、生徒が①身に付けるべき資質・能力、②学ぶべき内容、③学び方の見通しを示す「学びの地図」、と名づけています。

　新しい学習指導要領では、教育課程が「社会に開かれた教育課程」としてクローズアップされ、社会とのつながりを持つことが強調されました。「よりよい学校教育を通じて、よりよい社会を創る」ためには、学校が社会と関わりを持ちながら社会と連携したり協働したりすることが大切です。このように社会と関わりを持たせることが、生徒に新しい時代に求められる資質・能力を身に付けるためには有効です。こうした社会とのつながりの中で学校教育を展開していくことは、わが国が社会的な課題を乗り越え、未来を切り拓いていくための大きな原動力にもなります。

　教育課程が目指す理念については、学校や教育関係者のみならず、保護者や地域の方々、産業界等を含め広く共有してもらうことは大切です。

　これからの教育課程は、社会の変化に目を向け、教育が普遍的に目指す根幹を堅持しつつ、社会の変化を柔軟に受け止めていく「社会に開かれた教育課程」としての役割が求められています。

　「社会に開かれた教育課程」の重要な点について「審議のまとめ」では、以下のようにまとめられています。

　①社会や世界の状況を幅広く視野に入れ、よりよい学校教育を通じて

よりよい社会を創るという目標を持ち、教育課程を介してその目標を社会と共有していくこと。

②これからの社会を創り出していく子供たちが、社会や世界に向き合い関わり合い、自らの人生を切り拓いていくために求められる資質・能力とは何かを、教育課程において明確化し育んでいくこと。

③教育課程の実施に当たって、地域の人的・物的資源を活用したり、放課後や土曜日等を活用した社会教育との連携を図ったりし、学校教育を学校内に閉じずに、その目指すところを社会と共有・連携しながら実現させること。

「社会に開かれた教育課程」の実現を目標とすることで、生徒一人一人の可能性を伸ばし、更に新しい時代に求められる資質・能力を育成することができるといわれています。

「よりよい学校教育を通じてよりよい社会を創る」という目標を学校と社会とが共有し、それぞれの学校において、生徒が必要な教育内容をどのように学び、その結果どのような資質・能力を身に付けられるようになるのかを明確にしながら、社会との連携・協働により、その実現を図っていくことが新しい学習指導要領の目指す方向であり学校に求められていることです。

第7節 »»» 従来の教育とこれからの教育

戦後日本は、欧米をキャッチアップすることを目標に工業社会が形成され、GDP が 1990 年代まで右肩上がりを続けていました。当時の日本には成長のためのモデルが存在し、それに従いながら効率的に忠実に行うことがよしとされてきました。より高い学歴をもつことが評価され、年功序列、終身雇用などにより安泰な人生が保証されていました。そのためには知識をたくさん詰め込んで、よい学校に入学し、卒業してよい

会社に入り、入社後はこつこつと定年まで勤め上げることが一般的なキャリアとされてきました。しかしそのことはほとんど昔話になりつつあります。人工知能、ロボット、Iot やビックデータ、自動運転車、3Dプリンター、量子コンピュータなどの技術革新を促進する第4次産業革命により、日本では今後大きな社会変動が起こると予測されています。

18 世紀の第 1 次産業革命により続いた工業化社会では、大量生産を効率的に行うために多くの人々が同じような仕事をしていました。そして仕事の効率化を図るために、全員が一定の共通した知識の下一律に行動することが求められました。フォロワーは、リーダーの指示を忠実に行うことで評価されました。

教育も同様で、明治以来の日本の学校教育のスタイルは、知識伝達注入型の一方向の講義形式の授業をみんなが黙って受け、必要に応じて全員が同じ課題をやる。授業中は他者と話すこともなく忍耐強く座り、指示されればそのことを着実に行う等を求めるものでした。

つい最近まで、授業では生徒は教師の講義を黙って聞き目立つことはせずにその指示に忠実に従う、ルーチンワークは速く正確にでき、集団においても指示どおりに行動できる、そのような生徒が優秀であると評価されていました。

21 世紀になり、新しい知識・情報・技術が社会のあらゆる領域での活動の基盤となる「知識基盤社会」といわれる社会になり、そして現在はその社会が加速度的に進行していて、今後さらに飛躍的に重要性を増すといわれています。生徒が知識・技能を身に付けることはもちろんですが、それとともに思考力、判断力、表現力等、身に付けた知識をどのように活用していくかが重要となってきました。さらに社会の変化が人間の予測を超えて加速度的に進展する状況下では、知識に加えて、主体性やリーダーとしての自覚を持ちながら、多様な人々と協働することが一層重視されるようになりました。

学校現場では、教師の多忙化や働き方改革のこともあってか、新しい

教育の方向や流れを理解したり教師の資質・能力を向上させたりする取組は高等学校を中心にまだ少ないのが現状です。

今の子どもたちに、将来の社会を生き抜くための力を付けるには、育成を目指す資質・能力をそれぞれの学校で明確にするとともに、それをステークホルダーとも共有し、その資質・能力を育成のために必要な教育内容や教育方法、そしてその評価を不断に工夫していくことが今後必要になって来るでしょう。

第8節 »»» 日本の高校生は受け身が好き

国立青少年教育振興機構が2017年8月に「高校生の勉強と生活に関する意識調査報告書—日本・米国・中国・韓国の比較—」を発表しました。この調査は、2016年9～11月、4か国の普通科高等学校の生徒を対象に集団質問紙法で実施したもので7854人から有効回答を得ることができました。これにより国ごとに勉強についての考え方も異なることがわかりました。

例えば勉強の仕方について、日本の特徴的な傾向としては、「試験の前にまとめて勉強する」の項目であり「ほとんどそうだ」「半分以上はそうだ」を合わせて69.3％で日米中韓の中でトップでした。反対に、「できるだけ自分で考えようとする」「勉強したものを実際に応用してみる」「教わったことを他の方法でもやってみる」「自分で整理しながら勉強する」「教えられたとおりに勉強する」「参考書をたくさん読む」「方法や過程より結果がわかればいい」の項目については日米中韓の中で最下位でした。

授業の進め方について、日本は、「教科書に従って、その内容を覚える授業」の項目では「ほとんどそうだ」「半分以上はそうだ」を合わせ91.2％となり、中国に続いて2番目でした。一方、「個人で調べ、まとめ、

発表する」は 16.6％、「グループで課題を決め、考え、調べる」は
11.9％、「学校外での見学や体験をする授業」は 5.3％であり、いずれも
4 か国中で最も低い結果となりました。

　授業中の態度や行動について、日本は「きちんとノートを取る」に
「よくある」と答えた割合が 79.4％と 4 か国中でトップでしたが、「居眠
りをする」も 15.0％と同様にトップでした。反対に「グループワークの
ときに積極的に参加する」が 25.3％、「積極的に発言する」が 3.7％とい
ずれも 4 か国中で最も低い値でした。

　ところで、高大接続システム改革会議が公表した「最終報告」では、
教育改革を進めるときの検討の背景とねらいとして、「大きな社会変動
の中では、これからの我が国や世界でどのような産業構造が形成され、
どのような社会が実現されていくか、誰も予見できない。確実に言える
のは、先行きの不透明な時代であるからこそ、多様な人々と協力しなが
ら主体性を持って人生を切り開いていく力が重要になるということであ
る。また、知識の量だけでなく、混とんとした状況の中に問題を発見し、
答えを生み出し、新たな価値を創造していくための資質や能力が重要に
なるということである。こうした資質や能力は、先進諸国に追いつくと
いう明確な目標の下で、知識・技能を受動的に習得する能力が重視され
たこれまでの時代の教育では、十分に育成することはできない。次代を
担う若い世代はもちろん、社会人を含め、これからの時代を生きる全て
の人が、こうした資質・能力を育むことができるよう、抜本的な教育改
革を進める必要がある（p3）」とありました。授業において「とりあえ
ずノートを取っておく」「とりあえず教科書の内容を覚えておく」「とり
あえず授業に出ておく」というような受動的（パッシブ）な姿勢では今
後訪れると予想される大きな社会変動に飲み込まれてしまうのではない
かと危惧をしてしまいます。

第9節 >>> 先生の意識改革

　これから教師の授業に関しての評価はだんだん変わるでしょう。

　今までよい授業といえば、教室の中では教師のしゃべっている声以外は聞こえない、教師の板書に対して、生徒全員が黒板に向かって黙々と板書してあることをノートに写す、もちろんこのときの私語はゼロ。このような授業ができる教師が指導力のある教師であり、また、知識が豊富で、それを使って難しい内容でもわかりやすく説明してくれる教師が教え方が上手いと評価されていました。それは今もそうかもしれませんが……。

　教師がよい授業するためには＜「トーク」＆「チョーク」そしてたまに「ジョーク」＞が必要であるといわれていました。これがよい授業のキーワードだったかもしれません。まさに知識を伝達・注入する一方向型の授業の典型といえます。いわゆる進学校においては、生徒を引きつける知識や話術、黒板を有効に使った整理された板書、集中力がとぎれそうになったとき、再び集中させるための笑いをとるためのユーモアやジョーク。これらを駆使しながら一斉授業を上手に展開できる教師がよい教師のひとつのスタイルだと思います。

　もちろん知識を伝達・注入するには効率が良いやり方ですし、知識を求めている生徒にとっては能動的（アクティブ）になれるかもしれません。ただこの形態では多くの生徒は受動的（パッシブ）なってしまいます。授業中に、知識のインプットは十分にできますが、それを再構成して、自分の考えとしてアウトプットするための時間をあまりとることができません。生徒の中には、教師がしゃべっている内容（インプット）をその場ですぐにまとめてしまう（再構成）とか、板書をノートに写すときに丸写しせずにいったん自分で考え（再構成）それをノートに書いている（アウトプット）生徒もいます。現在「頭がよい」といわれてい

る生徒はそのような能力に優れているのでしょう。その場合は能動的といえるかもしれません。

ところで、いわゆるアクティブ・ラーニングというとすぐにグループでの学習ととらえがちです。教師が最初ちょっとだけグループで行うワークの段取りについて説明し、残りの時間はグループでの学習というのはいかがなものかと考えてしまいます。知識の伝達・注入することも必要ですから、家庭における予習・復習と一斉講義でしっかり伝える時間は絶対確保すべきです。グループで学びあいたくても基盤となるべき知識が生徒になければただの雑談で終わります。

また、学びあう前に短時間でも個人で考える時間を確保すべきです。そのことによって、グループ学習を行うときに自分の考えを述べることができるようになります。

限られた貴重な授業時間をどう有効に使い、グループ学習により生徒の資質・能力をどう育てていくか、その課題や内容、ワークの実施時間・仕方などをマネージメントする能力がこれからの教師には求められます。

そのためには、生徒にも時間を常に意識させる工夫は必要でしょう。例えば、最初に授業展開のスケジュールを示している教師もいます。生徒が授業を能動的に行うためにはスケジュールを予め示して見通しを持たせることも大切なことです。その際には、教師は生徒に示したスケジュールを必ず守ることです。生徒たちが学びあうために予定されていた時間を一斉授業により奪わないことは重要なことです。

高大接続システム改革は、明治以来の教育システムの大転換ですが、先生の意識改革がどのくらい進むのか、それが改革の成否を決めるポイントかもしれません。

第10節 ≫≫≫ 「何ができるようになるのか」からスタート

　「審議のまとめ」では、各学校において教育課程を編成するに当たっては、まず学習する子供の視点に立ち、教育課程全体や各教科等の学びを通じて「何ができるようになるのか」という観点から、育成を目指す資質・能力を整理する必要がある。その上で、整理された資質・能力を育成するために「何を学ぶか」という、必要な指導内容等を検討し、その内容を「どのように学ぶか」という、子供たちの具体的な学びの姿を考えながら構成していく必要がある。この「どのように学ぶか」という視点は、資質・能力の育成に向けて、子供一人一人の興味や関心、発達や学習の課題等を踏まえ、それぞれの個性に応じた学びを引き出していく上でも重要である。こうした観点からは、「子供の発達をどのように支援するか」という視点も重要になる。加えて、教育課程の改善は学習指導要領等の理念を実現するために必要な施策と一体的に実施される必要があり、学習評価等を通じて「何が身に付いたか」を見取ることや、「実施するために何が必要か」を教育課程の在り方と併せて考えていくことも重要になる（p18）」とあります。

　新しい時代に求められる資質・能力の育成やそのための各学校の創意工夫に基づいた指導の改善といった大きな方向としては、各学校の教育課程の編成では、まず教育課程全体や各教科等の学びを通じて「何ができるようになるのか」という観点から、育成を目指す資質・能力を整理してまずそれを明示することから始まり、その資質・能力を育成するには、「何を学ぶか」（教科等を学ぶ意義、教育課程の編成）、そして「どのように学ぶか」（各教科等の指導計画の作成と実施、学習・指導の改善・充実）を考えることが続きます。この「どのように学ぶか」というところと「主体的・対話的で深い学び」がつながるわけです。

さらに、「何を学ぶか」「どのように学ぶか」を推し進めるために、教師が生徒一人一人の発達をどのように支援するか、そして学習評価を充実させ「何が身に付いたか」を見取ることや、「実施するために何が必要か」を考えていくことが重要になります。

今までの高等学校の教育を振り返ると、「授業で生徒に知識を教えておけば、知識は身に付くし、もしかしたらプラスアルファーでそれ以外の能力も身に付くだろう」的なところがありました。ただ最終的に知識以外の資質・能力が身に付くかどうかは生徒次第のようなところもあり、教師にとって、生徒の資質・能力を育てることは、どこか他人事のようなところがありました。

大学入試の形態が今後大きく変わりますが、以前は大学入試が知識偏重だったこともあり、知識をたくさん持っている生徒が優秀な生徒でした。極端な話ですが知識をお金と言い換えると、人よりも一円でも多くお金を持っている生徒が評価されたり、お金を効率的に得られるやり方を教えてくれる教師が指導力のあると評価されたりするような風潮もありました。学力を評価するにしても知識が偏重されていたので、その定着度が重要になります。知識の量や質をペーパーテストで測り、その得点を評価とすることのみであったような気がします。もちろん知識は必要であり、知識が少なければそれを活用するといっても薄っぺらなものなってしまいます。今までは高校の教育においては、資質・能力を育てる視点やそれを評価する視点はほとんどありませんでした。

第2章

学びの技法

第1節 >>> 見方・考え方

　「見方・考え方」は、以前より学習指導要領において用語として用いられていますが、その内容については必ずしも具体的には示されていなかったと思います。今回の学習指導要領改訂に際して、各教科・科目等における「見方・考え方」とはどのようなものなのかを明らかにしています。各学校が授業改善を推進しようとするときにはこの「見方・考え方」を踏まえる必要があります。特に次期学習指導要領答申や新しい学習指導要領には「見方・考え方」の役割など詳しく記載されています。「見方・考え方」は各教科・科目等の本質に迫るものであり、深い学びを実現させるときの重要なカギになります。

　「次期学習指導要領答申」では、「見方・考え方」について「各教科等で習得した概念（知識）を活用したり、身に付けた思考力を発揮させたりしながら、知識を相互に関連付けてより深く理解したり、情報を精査して考えを形成したり、問題を見いだして解決策を考えたり、思いや考えを基に創造したりする（p33-34）」学びの過程のなかで、「どのような視点で物事を捉え、どのような考え方で思考していくのか”という、物事を捉える視点や考え方も鍛えられていく」とあります。さらに、「学びの「深まり」の鍵となるものとして、全ての各教科等で整理されているのが各教科等の特質に応じた「見方・考え方」です。今後の授業改善等においては、この「見方・考え方」が極めて重要になってくると考えられる（p53-54）」とあります。このように、「見方・考え方」は特に深

い学びの過程の実現を目指す上で重要な役割を果たしているといえます。

　文部科学省が2018年7月に公表した高等学校学習指導要領解説総則編（以下「解説総則編」）では、「深い学びの鍵として「見方・考え方」を働かせることが重要になること。各教科等の「見方・考え方」は、「どのような視点で物事を捉え、どのような考え方で思考していくのか」というその教科等ならではの物事を捉える視点や考え方である。各教科等を学ぶ本質的な意義の中核をなすものであり、教科等の学習と社会をつなぐものであることから、生徒が学習や人生において「見方・考え方」を自在に働かせることができるようにすることにこそ、教師の専門性が発揮されることが求められること（p4）」とあります。

　「見方・考え方」については「どのような視点で物事を捉えるか」とは、各教科・科目等の特質を踏まえながら各教科・科目等を見ていくことであり、「どのような考え方で思考していくのか」とは新しい知識・技能を既に持っている知識・技能と結びつけながら深く理解し、社会の中で生きて働くものとして習得したり、思考力・判断力・表現力を豊かなものとしたりしていくことです。社会や世界にどのように関わるかの視座を形成したりするためにも重要なものとなります。

　まさに「見方・考え方」は「深い学び」を実現させるときに中核的な役割を果たします。「見方・考え方」を働かせた学びを通じて、育成を目指す資質・能力が育まれ、それによって「見方・考え方」が更に豊かなものになる、という相互の関係にあるといえます（p48-49）。

　その過程においては、「どのような視点で物事を捉え、どのような考え方で思考していくのか」という、物事を捉える視点や考え方も鍛えられていきます。こうした視点や考え方には、各教科・科目等それぞれの学習の特質が表れるところではあります（p117-120）。

第2節 »»» 「問題解決」と「課題解決」

　「問題解決」とか「課題解決」とかよくいわれますが、一見すると同じようなので混乱して使われることがしばしばあります。「問題」と「課題」についてどう考えればよいのでしょうか。

　「問題」とは、あるべき理想の姿と現状とのギャップだといわれています。例えば、大学入学共通テストで得点率80％を取りたいとします。得点率を80％にしたいという理想の姿を描いたとき現状の得点率が50％であったとします。理想と現状を比較すると得点率の差が30％あることが明確になります。つまり理想と現状の間には、得点率が30％不足しているというギャップが存在していることになります。ギャップである得点率30％の不足が「問題」となります。得点率50％を80％にすることができれば、「問題」を解決したことになります。

　では、「課題」とは何でしょうか。「課題」として捉えるときには、同じく大学入学共通テストでは得点率を80％にしたい。しかし現状では50％の得点率しかない、つまり現在30％不足しているという「問題」が生じているわけです。この「問題」を解決するには不足している得点率をあげることです。この「問題」を解決するためには、例えば「数学の得点率を90％にする」「数学で苦手となっている分野で高得点を上げる」などの具体的に取り組むべきことが上がってきます。それが「課題」となります。まずは問題を見い出し、それを明確化すること、その後問題を解決するために課題を設定し、さらに解決策の立案と実施となります。もし得点率が現状の50％でよいということになればギャップはないので問題はありませんし、課題もありません。

　「現状をそのままでいい」と思ってしまえば、実は問題があるのに見えません。「このままでは駄目だ」と思って、理想と現状を比較し問題を明確化することで初めて見えてくるものがあるかと思います。

なお、設定した課題を解決するときには、今まで持っている前提知識や思い込みを一旦ゼロにして、基礎（ベース）がない状態から物事を考える「ゼロベース思考」で考えていくことが必要なときもあります。与えられている条件や前提情報、みんなが当たり前だと思っていること、そういった事前知識を一度疑ってみる。重要なのは、今前提としているものを「本当にそうなのか」「違った見方もできるのではないか」とクリティカルシンキングしてみることです。「こんなのできっこない」という状態は、奇抜なアイディアを発想するチャンスでもあります。

　また、「他者の考え方を借りる」ことも大切です。例えば、自分が出した解決策と、他者が出した解決策を比較してみることで、「課題発見力」を向上させることができます。

　高校生は自分の持っている知識や考え方を所有物のように思ってしまう傾向にありますが、それは改めた方がよいでしょう。自分とは違う考え方や行動をしている人が導き出した解決策は、自分では想像もつかないようなものである可能性があります。「自分とどのようなところが異なっているか」を考えることで、問題や課題を発見することに対する能力が向上します。

　他者の知識や考え方を柔軟に受け止め、それを関連づけたり結びつけたり、ブラッシュアップしたりする習慣付けをしておくことは大切なことです。

第3節》》 大切なのは自分事として捉えること

　講演会で講師への謝辞に当たった人は、ほとんどの場合、講師の講演内容を上手にまとめ、その要点をうまく掴んで聴衆の代表として感謝の意を表してくれます。

　講演を聞いてその謝辞を述べるときには、頭の中ではどうなっている

のでしょうか。まず、「知識」を聴いたり、観たりして、それを頭の中に入れるインプットの過程があります。次にインプットされた知識を自分の言葉にするためにそれらを再構成する過程があり、再構成した知識を話したり、書いたり、発信したりするアウトプットの過程があります。

講演会では、謝辞を述べる人以外の人も同じように知識や情報をインプットしています。それにもかかわらず、なぜアウトプットの部分で違いが出るのでしょうか。それは、謝辞を指名された人は、アウトプットをすることを予告されたためにその話が自分事となり、能動的になり、謝辞の時間までに一生懸命話の内容を再構成しようとしたからです。

授業において、教師が一方向型の伝達・注入型授業を行った時、もし受け手である生徒が、その授業を自分事として捉え、能動的であれば、インプットした知識は、再構成されアウトプットしたときにその知識は定着したり、活用できるようになったりします。

事実、成績の良い生徒は、教師の説明や板書を丸写しするのではなく、要点のみを書いたり、自分ですでに持っている知識や情報と結びつけてノートにまとめたり（アウトプット）しています。また、問題が解けた生徒が、まだ解けていない生徒に教えるときも、わかりやすく解き方を教えるために再構成してからまだ解けていない生徒に教えて（アウトプット）いるはずです。

したがって、授業の中で、インプットされた知識を、再構成してアウトプットできる機会を増やしていけば、知識の定着や活用を図ることができるといわれています。書いたり、話したり、議論したり、教えたりすることがアウトプットですので、そのような機会を授業の中でつくり出していくことが知識の定着につながっているはずです。

大切なのは、知識や情報がインプットされるときに、その人が自分事になっているかどうかです。もし、インプットの際に、生徒が他人事として捉えていれば、そこには再構成という過程は起こりませんから、たとえ、書いたり、話したり、議論したりというアウトプットの機会が

あっても、知識の定着や活用を図ることはできません。

　このように考えると、授業において、最も大切なこと、教師が留意しなければならないことは、生徒が自分事として捉えるような環境、能動的になるような環境をつくれるかということになるでしょう。そのために教師は自分の授業の展開について不断の工夫改善に心がける必要があると思います。

第4節 》》 アウトプットを重視する

　一方向型の講義形式の一斉授業では、知識は教師から生徒への一方向的な流れになってしまいます。

　そしてその流れの中では、教師は知識を注入し、生徒は知識を摂取するという構図になりやすいです。もちろん、話したり、書いたり、議論したり、アウトプットするためには、できるだけたくさんの知識をインプットしておくことは必要です。ですから、教師はよかれと思って、たくさんの知識をいかに早く注入するかという視点に立って授業を展開しがちです。特に大学進学を目指している生徒への授業ではその傾向が強くなります。

　知識の移動について、教師側の注入に焦点を当ててきましたが、実は、摂取する側、あるいは注入される側にいる生徒を中心に考えていく視点もあります。

　教師が、知識をたくさん注入しようとしても、受け手である生徒の許容量が小さければ吸収されずに溢れてしまいます。許容量を考えずに注入し続けることは「私はこれだけたくさんの知識を教えたのだから身に付いてないのは生徒に問題がある」と自己弁護になりやすいです。

　生徒の許容量が異なるので、一斉授業においては、この生徒には溢れるが、この生徒にはまだ不足しているとなります。そしてその許容量も

変化するものであり、生徒が必要ないと判断した時点で許容量が小さくなってしまうのではないかと思います。

ところで、からだのエネルギー量を把握するためのものとしてカロリーがあります。健康的なバランスは、消費するのと同等のカロリーを摂取することです。からだが必要とする以上のカロリーを摂取し続けると、余分なカロリーは徐々に体の細胞に脂肪として蓄えられ、太ってしまいます。また逆に、摂取するより多く消費したり、摂取量自体が少なかったりすれば痩せてしまいます。

知識をエネルギーと考えると、アウトプット（消費）するためには、知識のインプット（摂取）が必要になります。アウトプットをしようとしても、アウトプットするために必要な知識がインプットされていなければアウトプットしたときに内容が乏しいものになってしまいます。一方、インプットばかりでアウトプットする機会がないと、何のためにインプットするのかわからなくなります。必要性を感じられない知識は許容量を超えた溢れ出た余分なものとなってしまいます。

教師はたくさん知識をインプットさせたいのであれば、同時にアウトプットする機会を増やすことを考える必要があります。

アウトプットする機会というのは授業のときとは限りません。授業の時間だけで足りなければ、アウトプットする機会を家庭学習の時間まで含めて考えれば、かなり増やすことができます。

「第5回学習基本調査」（ベネッセ教育総合研究所、2015）によると高校生の家庭学習の時間は学力階層別で大きく異なっています。一方向型の講義形式の一斉授業でも、インプットされた知識を家庭での学習の時間を使ってアウトプットしている生徒はうまくバランスが取れているでしょう。まずは授業時間内でインプットとアウトプットのバランスを取るような授業展開が基本かもしれません。

第**5**節 》》》 高等学校の学びと社会の学び

　多くの場合、高等学校において、学習は一人一人の個人の活動になっています。そして、学習の成果は個人の能力として評価されます。基本的にはペーパーテストの得点が成績に大きく影響を与え得点が高ければ成果があったことになります。知識をたくさん頭の中に持っていて、決められた時間内に効率よく知識を見えるかたち（アウトプット）にすることができれば良い評価を得ることができその生徒は「有能だ」といわれます。もちろんテストのときに他人の答案を見たり他人に手伝ってもらったりということがあればルール違反になります。

　学校では学習の成果はあくまでも個人のものです。知識は専有物、所有物、もっと極端な言い方をすれば商品という捉え方もできます。知識を獲得することはそれらを個人的にたくさんもてるようになることです。入試や定期試験で1点でも多く点数を取りたいという気持ちは少しでも専有物や商品を増やしたいという心理もあらわしているかも知れません。

　一方、私たちの日常生活や社会生活ではどうでしょうか。たとえば、仕事をするときには複数で行い、個人のみで最後まで行うということはほとんどありません。通常は、チームをつくりお互いにできない部分を補いあったり、得意な部分を活かしあったり、ときには他人の知恵を借りたりして、仕事の成果をあげています。ですから、学校と違って、日常生活や社会生活では、私たちは、個人的に知識をたくさん持っているからといって「有能だ」と評価されるわけではありません。

　私たちは、様々な人々とコミュニティをつくり、コミュニケーションを図っています。そして、そこでの学びは、決して、個人の中だけに閉じているものではなく、わからないときは、知っている人から教えてもらいます。ときには有能で熟達した人から知恵をもらいつつ、日々発生する問題や課題を解決していきます。

新しい学習指導要領では、予測困難な社会の変化に子どもたちが主体的に関わりながら、どう社会を生き抜き新しい未来を創っていくか、そして、そのための能力をどのように育てていくかを求めています。

　その際には、教師が今ある知識を一方向型の講義形式の一斉授業で生徒に機械的に伝達・注入していくやり方の他に、生徒が能動的になることにより、教師が伝えた知識、友達や文献から得た知識などを既に自分が持っている知識と結びつけながら知識をより深く学び定着させていくやり方や、生徒が能動的にコミュニティに参加し自らが積極的に働きかけながら対話やグループワークなどを行うことで、知識に気付いたり、知識を創り上げたりしていくようなやり方など、いろいろな教育の方法を実践することで、生徒たちに将来必要な能力を育てることが大切です。様々な方法を駆使することで近未来の予測困難な社会において対応できる知識やスキルを生徒たちが身につけるだろうと考えています。

第6節 》》 PDCA サイクル

　PDCA サイクル、別な言い方ではマネジメントサイクルといいます。

　企業では、この PDCA サイクルを使って目的を達成しています。このサイクルで業務を行うと、仕事の目標や目的を効率よく達成できるというわけです。

　PDCA サイクルとは何でしょう。P（プラン）は計画、まず目標達成のための計画を立てます。それに基づいて D（ドゥ）つまり実行し、C（チェック）つまりその結果を評価し、A（アクト）つまり結果・分析を基にした改善と再度計画を立てるこのサイクルのことです。

　そして、PDCA サイクルを意識しながら仕事を行うことで、継続的な改善が可能となり、サイクルを回し続ければ、大きな目標であっても、いずれは達成できるわけです。

図-2　リングからスパイラル

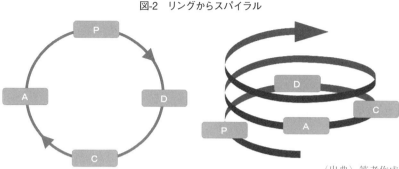

（出典）筆者作成

　このPDCAサイクルは学校教育の中でも使われています。例えば探究です。まず気づきなどにより、問題を発見し解決するために課題を設定します。課題解決のために、実験、フィールドワーク、アンケート調査などにより必要な情報を収集します。次に収集した情報を分析しそれを評価します。最後に、それをまとめ、発表します。その発表の際に得た講評や批評が次の探究過程での課題となる場合が多く見らえます。

　一般的には、P⇒D⇒C⇒Aですが、課題がみつからない、計画が立てられないときには、Pからではなく、Dから始めることを薦めます。あれこれ考えていても先に進まないときは「とりあえずD、まずはやってみる」ことです。

　ただこの「とりあえずやってみる」というやり方を行うときに留意する点は2つあります。ひとつは全力で取り組むことです。全力で取り組まないとなかなか問題や課題が見えてきません。もうひとつは失敗を恐れないことです。初めてのこと、経験のないことを行うときには、失敗が付きまといます。失敗したら恥ずかしいとか、惨めだとかの気持ちを持ってしまうのは当たり前ですが、それを何としても断ち切る必要があります。

　例えば、センター試験の勉強をはじめるときに、まず過去問の5年間分を、本番と同じ条件で、同じような気持ちでやってみる。ここで、本番と同じように満点を取るくらい気持ちで挑戦してみるということが大

切です。たとえ問題が難しくて、分からなくても、時間いっぱい考えてみることです。これがDにあたります。

おそらく採点したらあまりできていないことがわかるでしょう。ここからが大切な作業です。

その結果を元に、どこができて、どこができなかったかを分析します。これがCにあたります。

次に、できなかったところを過去問の解説書あるいは教科書・参考書を読んだり、講師や友人に教えてもらったりしながらすぐに復習する。いわゆる「リフレクション」です。おそらく、真剣に問題に向き合っていれば比較的短時間でその内容を理解できるでしょう。更にできなかった分野について、今後どのように理解し定着させていくか、どのように発展させるかの計画を立てる。これがAになります。

本番を意識した模擬試験は自分の弱点を見つけるためには最適な機会です。得点や偏差値にばかりに目を奪われ、一喜一憂するのは本質からは外れているのです。定期考査や模擬試験は入試ではないので、たとえ高得点を取ったとしても合格にはつながりません。

そこで獲得した得点は、自分の理解度、習熟度、目的達成度を知るための重要な指標ですが、それ以下でもそれ以上でもありません。真剣にチャレンジして失敗したことをうまく利用して問題や課題を発見するということも課題設定や計画立案するときの一つの方法といえるでしょう。

第7節 »»» ラーニングピラミッド

アクティブ・ラーニングの説明には、このピラミッドがよく出てくるので、見たことがある人は多いかと思います。

このピラミッドはラーニングピラミッドといって、米国の国立訓練研究所（National Training Laboratories）が学習形態ごとの平均学習定着率

図-3 平均学習定着率（Average Learning Retention Rates）

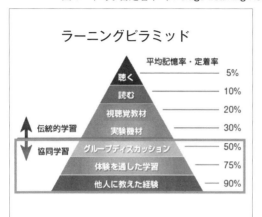

■ラーニングピラミッド
・講義を受ける（Lecture）5%
・読む（Reading）10%
・視聴する（Audiovisual）20%
・実演してもらう（Demonstration）30%
・議論する（Discussion Group）50%
・自分で体験する（Practice Doing）75%
・他人に教える（Teaching Others）90%

出典：米国国立訓練研究所「平均学習定着率」より

（Average Learning Retention Rates）を調査して作成したのです。なお、数値が併記されているものもありますが、それ自体は科学的に裏付けられたものではありません。

　学生が授業を受講してから半年後にその内容を覚えているどうか、その定着の割合を、学習形態によって分類比較したものです。

　これを見ると、ただ講義を聴いただけの場合は5％しか覚えていません。教科書などを読んだ場合は10％、視聴覚ならば20％、デモンストレーションならば30％、グループ討論のときは50％、自ら体験したときには75％になったそうです。他の人に教えたものについては90％は覚えていたという結果になったそうです。

　つまり、どんなに一生懸命に教師が一方向の伝達・注入型の講義形式の授業をしても、それを受講のときにただ聴いていただけの生徒は、半年後にはその内容をわずか5％しか覚えていないということになります。一方、一方向の伝達・注入型の講義形式の授業をしていた教師は、半年後にその内容の90％を覚えていることになります。このラーニングピラミッドは科学的に裏付けられていませんが、経験的にはまさにその通

りと思ってしまいます。

溝上（2016）は、「能動的な学習には、書く・話す・発表する等の活動への関与と、そこで生じる認知プロセスの外化を伴う（p28-29）」といっています。

授業のとき教室の中で最も能動的な学習をしているのは一方向の伝達・注入型の講義形式の授業をしている教師自身であるということです。

「私がこんなに一生懸命教えているのに、なぜ生徒はできないのだ」と教師自身が考えても、生徒はインプットばかりで、再構成したものをアウトプットしているのは教師自身ですからそれは当然の結果かもしれません。そのような授業においても知識が定着している生徒がいるとすれば、授業でインプットした知識を生徒自身が自宅などでアウトプットしているからかもしれません。

ラーニングピラミッドでは下に行くほどアクティブ・ラーニングの要素が強まっており、そこでの相関関係が明瞭に顕れているといえます。

明治以来学校の授業では、教師の「トーク＆チョーク」、講義の聞き取りや板書の内容の書き取りなど、とにかく覚えることが大切だと思ってきました。しかし、そのやり方はラーニングピラミッドによると一番効果が低い勉強法だったのです。

もちろん、講義形式の授業で学ぶこと自体を否定しているわけではありません。なぜなら、たくさんの量の知識を伝達・注入するには一方向の講義形式が有効だからです。一方向の講義形式の授業の中にアウトプットができる時間帯をつくるとか、家庭での学習を組み合わせるとかできれば効果もあがります。

私たちは、一方向の伝達・注入型の講義形式の授業だけでは不十分であることを自覚しながら、様々な学びの方法を工夫する必要があると思います。

第2章 ▷ 学びの技法　　39

第8節 ⫸⫸⫸ 見通しと振り返り

　授業のはじめに見通しを立てたり最後に本時の学習内容を振り返ったりする活動を行うことで、主体的な学び、対話的な学び、そして深い学びを実現することができ、学習内容の定着や意欲の向上にも繋がるといわれています。

　「解説総則編」には、見通しと振り返りについて、「各教科・科目等の指導に当たっては、生徒が学習の見通しを立てたり、生徒が当該授業で学習した内容を振り返る機会を設けたりといった取組の充実や、生徒が家庭において学習の見通しを立てて予習をしたり学習した内容を振り返って復習したりする習慣の確立などを図ることが重要である。これらの指導を通じ、生徒の学習意欲が向上するとともに、生徒が学習している事項について、事前に見通しを立てたり、事後に振り返ったりすることで学習内容の確実な定着が図られ、各教科等で目指す資質・能力の育成にも資するものと考えられる（p126）」とあります。

　見通しを立てるとは、到達目標を示しながら今日の授業の内容は概ねどうなのか、今後どのように展開していくのか等を大まかに予測し個人の目標をたてることを指します。なぜ見通しを立てることが必要なのかといったら、たとえば、知らない目的地に行くのにおおまかでも地図があった方が到達しやすく、安心して行くことがでるのと同様に能動的な学びを行ないやすくなるからです。

　振り返りとは、「過去の学びを、未来に活かすこと」ともいわれています。その時間やその期間やってきたことを振り返ることで「新たな気づき」が出てくるはずです。知識を新たな気づきとして得るためには、過去の経験が必要となります。この経験が記憶から薄れてしまう前に一度振り返り自身に問いかけることで新たな気づきを得ることができるのです。

見通しを立て主体的に学習し学習の過程ですでに持っていた知識に新しく学んだ知識を関連付け、最後にそれを振り返ることで再構成する。そのようなサイクルをつくり、ひと回りしたときには、学びの質を深めることができるので「深い学び」にも繋がります。

　はじめは大まかな計画を立てます。到達目標の達成に向けてのこの大まかな計画が見通しにあたります。そして何かを行った最後に、そのことを振り返るための機会を設けます。この振り返る機会をつくることが既存の知識と新しく学んで得た知識を再構成したり、気づきに繋がったりします。もし課題解決していなかったり、新たな問題や課題が出たりすればその解決に向けて新たな課題の設定をすることとなります。

　見通しと振り返りの両方を行えば、見通し（大雑把な計画）⇒経験・体験（実行）⇒振り返り・気づき（分析・評価）⇒再計画という PDCA サイクルができます。そして最後に立てられた再計画にしたがって、また経験・体験（実行）することができ、継続的かつ発展的な課題解決のための新たなサイクルをまわすことができます。

　実際の高等学校の授業においては、見通しや振り返りについては省略している教師が多いが実態があります。一般に高等学校の教師は、学習内容が多いこともあり、生徒に知識を伝達・注入しなければ…という意識が強いです。まじめな教師ほどその傾向は強いかもしれません。ですから、授業中や授業外において振り返りをしない生徒は学習内容の定着が図れないのだと思います。これからは授業において知識を伝達・注入することばかりに目を向けるのではなく、知識を定着させることにも重きを置くべきでしょう。

第9節 »»» 知的な初心者

　「知的な初心者」とは、新しい領域を効率的に学習することのできる

人をさします。

学校の試験で出題される問題はほとんど「答えのある問題」です。ですから、学校では多くの場合、正答である知識（事実的知識）を理解し記憶しておいて、それを答えればよいわけです。

それは、新しく生み出すものではなく、あらかじめ決まっているもの（事実的知識）をいかに早く、正確に覚えて、時間内に効率よく再生することです。それはそれでよいのですが、実社会に出るとそれだけでは通用しません。

現状としては、学校の成績は、正答である知識を理解し、記憶し、再生することの出来不出来がかなり影響します。大学入試においても同様であり、センター試験はもちろん、多くの個別の大学入試についても、その結果でほぼ合否は決まっているようです。

現在文部科学省が進めている、高等な教育、大学教育、大学入試の一体的な改革といわれる高大接続システム改革では、そのことに対してメスを入れて改革しています。

今まで、多くの高等学校関係者は、高等学校教育は大学入試が変わらないから、高等学校の教育のやり方を変えることができないといってきました。しかし今度は、この大きな流れにより高等学校教育も変わらざるを得ないでしょう。

ところで、答えのある課題を解決するには、究極には、答えを知っている人に聞いたり、インターネットで答えを調べたりすればそれで済んでしまいます。

一方、実社会で直面する問題のほとんどは、「誰も答えを知らない問題」であり、その事態から学んでいくしかありません。知的に対処する先行知識（学校で学んだこと）を直接利用できないような問題を解決していかなければなりません。

このように、先行知識を直接利用できない場面には、誰もがその問題の「初心者」といえます。ですから、実社会を乗り切れるように、実社

会の問題を解決できる「知的な初心者」を育成することが大切になります。

　特に、変化が激しくリスクの多い時代では、経験したことのない難題が次々と登場します。その難題に対しての正答をどこからも持ってくることができません。自分で試行錯誤しながら解決していかなければならないのです。

　したがって、「知的な初心者」になるためには、新しいことに挑戦する気持ち、新しいことは失敗する可能性が高いので失敗を恐れない気持ち、成功するまで粘り強く続ける気持ち、直面している課題に対して積極的に向き合える気持ちなど、を身に付けることが大切になります。

　そのような気持ちが身に付くような仕掛けを、授業をはじめとした学校生活の中でつくれるとよいのですが・・・

第10節 »»» 多様な学び方を行う

　学校において学習は多くの場合一人一人の活動になっています。そして、その成果は個人の能力として評価されます。基本的にはペーパーテストの得点が成績に大きく影響を与え得点が高ければ成果があったことになります。知識をたくさん頭の中に持っていて、決められた時間内に効率よく知識を見えるかたち（アウトプット）にすることができれば良い評価を得ることができ「有能」といわれます。もちろんテストのときに他人の答案を見たり他人に手伝ってもらったりということがあればルール違反になります。

　ところで、「資質・能力（理論編）」（国立教育政策研究所、2016）によれば、「学習も事実等の知識を頭の中に移すことだと考える「獲得モデル」に加え、知識を使うべき状況に参加し、その中で実際に機能するメンバーになる過程だと考える「正統的周辺参加論」などの「参加モデ

ル」が生まれてきました（p47-52）」とあります。学校での学習成果はあくまでも個人のものと考えられます。知識は専有物、所有物、もっと極端な言い方をすれば商品という見方もできます。知識を獲得することはそれらを個人的にたくさんもてるようになることです。例えば、入試や定期試験で1点でも多く点数を取りたいという気持ちは少しでも専有物や商品を増やしたいという心理もあらわしているかも知れません。

　一方、私たちの日常生活や社会生活ではどうでしょうか。たとえば、仕事をするときは複数で行い個人のみで最後まで行うということはほとんどありません。通常は、チームをつくりお互いにできない部分を補いあったり、得意な部分を活かしあったり、ときには他人の知恵を借りたりして、先達から知恵をもらったりして仕事の成果をあげています。学校と違って、日常生活や社会生活では、私たちは、個人的に知識をたくさん持っているからといって「有能」と評価されるわけではありません。私たちは、様々な人々とコミュニティをつくり、コミュニケーションを図っています。そこでの「学び」は、決して個人の中だけに閉じているものではありません。わからないときは、知っている人から教えてもらいます。ときには有能で熟達した人から、手助けを得て、知恵をもらいつつ、日々発生する問題や課題を解決していきます。

　新しい学習指導要領では、子どもたちが予測困難な社会の変化に主体的に関わりながら、どう社会を生き抜き新しい未来を創っていくか、学校はそのための資質・能力をいかに育てていくかが求められています。今のところ、教師が今ある知識を一方向型の講義形式の一斉授業で学習者に機械的に伝達・注入していくやり方が主流ではありますが、学習者が能動的になることにより、教師が伝えた知識、友達や文献から得た情報などを既に自分が持っている知識と結びつけながら知識をより深く学び定着させていくやり方や、学習者が能動的にコミュニティに参加し自らが積極的に働きかけながら対話やグループワークなどを行うことで、知識に気付いたり、作り上げたりしていくようなやり方など、いろいろ

な教育の方法を実践することで、子どもたちに将来必要な能力を育てることが大切です。様々な方法を駆使することで近未来の予測困難な社会において対応できる知識やスキルを子どもたちが身に付けるだろうと考えています。

第11節 ≫≫ コーチングとティーチング

　日本スポーツ協会は、令和元（2019）年度からコーチ養成のために、新たに「モデル・コア・カリキュラム」を取り入れた共通科目集合講習会を行っています。日本スポーツ協会は、この講習会でつくられるアクティブ・ラーニングを主体とした学びの場において、時代をリードするコーチングを正しく理解させたり、受講者の学びを支援したりするために、コーチデベロッパーというグループワークの際のファシリテーターを創出しました。

　ところで、スポーツをはじめとした様々な分野における伝え方として、ティーチングとコーチングがあります。ティーチングとは、「知っている人が知らない人に教える」「できる人ができない人に教える」ときに使うやり方であり、「自分が持っている知識、技術、経験などを相手に伝えること」といわれています。したがって、コミュニケーションスタイルは、基本的に、一方通行となる傾向があります。その結果、ともすると教えられる人は受け身になってしまうこともあります。一方、コーチングは、基本的には「教える」ことはしません。その代わりに、「問いかけて聞く」という対話を通して、相手から様々な考え方や行動を気づかせ、選択肢を引き出していきます。コーチングは、「問いかけて聞くことを中心とした"双方向なコミュニケーション"を通して、相手がアイディアや選択肢に自ら気づき、自発的な行動を起こすことを促す手法」ともいわれています。

今までの高等学校の授業は、まさに、ここでいうところのティーチングに偏り過ぎた気がします。つまり、教師は一方向の伝達・注入型の講義形式の授業を行うことで、生徒に対して「自分が持っている知識を相手に伝えること」に終始していたような気がします。

もちろん、対象者の知識量、タスク（課題）の難易度によってティーチングが適しているときはあります。そのときにはティーチングをしたらよいでしょう。しかし、場面によってはコーチングが適しているときもあります。授業において、すべてコーチングを行う必要はありませんが、状況に応じて使うべきかと思います。コーチングにより思わぬ考えや行動を引き出すこともあります。コーチングを行うとき、アクティブ・ラーニングの手法を使うことが効果的である、ということも少なくありません。

アクティブ・ラーニングとは、2012年中教審の「新たな未来を築くための大学教育の質的転換に向けて」（以下「質的転換答申」）の用語集によると「教員による一方向的な講義形式の教育とは異なり、学修者の能動的な学修への参加を取り入れた教授・学習法の総称。学修者が能動的に学修することによって、認知的、倫理的、社会的能力、教養、知識、経験を含めた汎用的能力の育成を図る。発見学習、問題解決学習、体験学習、調査学習等が含まれるが、教室内でのグループ・ディスカッション、ディベート、グループ・ワーク等も有効なアクティブ・ラーニングの方法である。」とあります。この「能動的な学修」により、頭が活性化するとともに、課題に対して、能動的で、深い学びを得ることができるようになり、それによって、自ら、気づいたり、問題解決したりすることができるようになることが多いです。

高等学校の教師には、時には、生徒のよきファシリテーターとなって、アクティブ・ラーニングの視点を持った授業にチャレンジしてほしいものです。

第12節 »»» 二つの資質・能力

　解説総則編では、「変化の激しい社会の中で、主体的に学んで必要な情報を判断し、よりよい人生や社会の在り方を考え、多様な人々と協働しながら問題を発見し解決していくために必要な力」として、「あらゆる教科等に共通した学習の基盤となる資質・能力」と「教科等の学習を通じて身に付けた力を統合的に活用して現代的な諸課題に対応していくための資質・能力」の二つを示しています。「あらゆる教科等に共通した学習の基盤となる資質・能力」ですが、それを構成しているものとして「言語能力」「情報活用能力」「問題発見・解決能力」があります。

　「言語能力」については、生徒の現在の学習活動を支える重要な役割を果たすものであり、全ての教科等における資質・能力の育成や学習の基盤となる能力です。言語能力を向上させることは生徒の学びの質の向上や資質・能力の育成に関わる重要な課題です。

　「情報活用能力」については、世の中の様々な事象を情報とその結び付きとして捉え、情報及び情報技術を適切かつ効果的に活用しながら問題を発見したり解決したりするときの自分の考えを形成したりしていくために必要な資質・能力です。具体的には、学習活動において必要に応じてコンピュータ等の情報手段を適切に用いて情報を得たり、情報を整理・比較したり、得られた情報をわかりやすく発信・伝達したり、必要に応じて保存・共有したりといった能力のことです。特に将来の予測が難しい社会において、情報を主体的に捉えながら、何が重要かを主体的に考え、見いだした情報を活用しながら他者と協働し、新たな価値の創造に挑んでいくためには、情報活用能力の育成が重要となります。

　「問題発見・解決能力」については、各教科等において、物事の中から問題を見いだし、その問題を定義し解決の方向性を決定し、解決方法を探して計画を立て、結果を予測しながら実行し、振り返って次の問題

発見・解決につなげていく過程を重視した深い学びの実現を教科等の特質に応じて図ることを通じて、各教科等のそれぞれの分野における問題の発見・解決に必要な力を身に付けられるようにします。また総合的な探究の時間における横断的・総合的な探究課題や、特別活動における集団や自己の生活上の課題に取り組むことなどを通じて、各教科等で身に付けた力を統合的に活用できるようにすることが重要です。このように問題の発見から解決という探究の過程を通すことで深い学びを実現することができます。

　また「教科等の学習を通じて身に付けた力を統合的に活用して現代的な諸課題に対応していくための資質・能力」とは、「生きる力」の育成という教育の目標を各学校の教育課程の編成により具体化していく資質、能力のことを指しています。豊かな人生の実現や災害等を乗り越えて次代の社会を形成することに向けた現代的な諸課題に照らしたときに必要となる資質・能力を教科等横断的な視点で育んでいくことが重要です。これら二つの力を学校の教育課程全体で育んでいくことが求められています（p53-57）。

第13節 ≫≫ リーンスタートアップ

　「あなたという商品を高く売る方法」（永井、2017）には、ベンチャー企業の発祥地であるシリコンバレーで活発に行われている「リーンスタートアップ」という起業のやり方が紹介されています。

　「リーンスタートアップ」のポイントは「ただ仮説を試す」のではなく、「立てた仮説を、実際に試してみて、最初の仮説を検証する」ことにあります。

　まずは完全な戦略や計画をつくろうとしないことがこの方法の基本となります。なぜなら、完璧な戦略や計画をつくろうとするとそれだけで

時間がかかりすぎてしまうからです。むしろ重要なのは、大まかで簡略な仮説をつくったら、すぐに実験をしてみて、その結果に基づいて仮説を見直すことです。そこで得た学びを生かして次のステップに進んでいく。目標は、できるだけ早く「つくるべきもの」を探り当てることだとしています。

　このシリコンバレー流のやり方は、「仮説を立てる（P）⇒実際にやってみる（D）⇒その結果を検証する（C）⇒仮説を見直す（A）」というサイクル（PDCAサイクル）であり、見直した仮説が、次のステップの仮説になるといっています。このやり方は、IT分野以外でも広く使うことができます。

　このやり方って、どこかで聞いたことはありませんか。つまり、これは探究そのものです。高校時代に探究を経験すれば、課題を解決するためのやり方を身に付けることができます。将来、このやり方を身に付けていれば、大学で様々な分野で研究するとき、あるいは社会に出て地域や職場で与えられたミッションを遂行するために課題を解決するとき、最も効果を発揮するはずです。

　通常PDCAサイクルというと「環のPDCA」を思い浮かべてしまう人が多いかと思います。つまり、PDCAサイクルを1回だけまわして終わるものです。中学や高校で行われている調べ学習などはこれにあてはまります。はじめに調べるものや内容を決め、次にそれを調べて、調べたものを整理して、整理したものを発表する、という流れです。

　しかし、PDCAサイクルは、「環」ではなく「らせん」が基本になります。例えば、探究を行うときに、まず大まかな仮説を立ててすぐに実行（情報収集）してみます。その結果を整理・分析し、それをもとにまとめ、外に向けて発信します。発信に対しての様々な人から評価を分析し、新しい仮説を立てます。こうすることで「らせん」を1段上がります。そして立てた新しい仮説を検証し、さらに新しい仮説を立て検証する。そのことで「らせん」を更に1段上がります。これを繰り返すこと

により「らせん」をどんどん上がっていくことになります。つまり発展的に繰り返されるわけです。

　仮説検証は1回やれば終わりではありません。ひたすら愚直にPDCAをまわし続けて、「らせん」を何度も駆け上っていく、そしてその学習過程での学びを蓄積していく。短期間での実行と確実な学びの蓄積。これが仮説検証の本質でしょう。

　もし生徒の中で、発表会を目指して、仮説を立て、実際やってみて、その結果を検証して、発表会で発表して、審査の先生から講評してもらい、それで終わりと考えているのであれば、それはまさに「円のPDCA」をやっただけに終わり、学びを蓄積できません。

　探究では、複数回PDCAサイクルをまわすために、ポスター発表などの発表会を複数回設けることが効果的です。発表会までにPDCAサイクルを1回まわせばよいというのではなく班ごとに必要に応じて何回か回しておくとよいでしょう。

　リーンスタートアップとは、起業するときや新規出店のとき、コストをそれほどかけずに最低限の製品や最低限の機能を持った試作品を短期間でつくり、客に販売しその反応を観察する、その結果から製品や試作品を改善し、機能などを追加して再び客に提供するこのサイクルを繰り返すことを指します。そして、その結果に応じて事業をどのように拡大していくかを検討していく方式と考えてください。

　探求でいえば、本格的な探究の学習過程を行う前の課題設定あるいは仮説を立てるときのPDCAサイクルということができます。

第**14**節 »»» PISA 型読解力の養成

　経済協力開発機構（OECD）による国際的な生徒の学習到達度調査のことをPISAいいます。OECD加盟国の15歳の生徒を対象にした、読

解力、数学知識、科学知識、問題解決に関しての調査で、2000 年に始まって以降、3 年ごとに実施されています。

　文部科学省では、「調査の目的は、義務教育修了段階（15 歳）において、これまでに身に付けてきた知識や技能を、実生活の様々な場面で直面する課題にどの程度活用できるかを測ること」「調査の内容は、読解力、数学的リテラシー、科学的リテラシーの 3 分野（実施年によって、中心分野を設定して重点的に調査）あわせて、生徒質問紙、学校質問紙による調査を実施」としています。

　特に「読解力」「科学的リテラシー（活用する力）」「数学的リテラシー」の 3 分野の調査については毎回行われています。

　2015 年については、日本の平均点で各国を比較すると「科学的リテラシー」は前回 12 年の 4 位から 2 位、「数学的リテラシー」は 7 位から 5 位と、どちらも順位を上げました。

　ところが「読解力」については、4 位から 8 位に落ちるとともに、平均点も 22 点下がりました。今回、何故「読解力」が低下したのかについて分析した結果によると、文章や資料などから情報を読み取り、論理立てて自分の考えを記述する分野が苦手だということがわかりました。

　当時の文部科学大臣の松野（2016）は「今回の結果からは読解力についてはコンピュータ使用型調査に対する生徒の戸惑いや次期学習指導要領に向けた検討過程において指摘された課題も本調査で明らかになりました。文部科学省としては「読解力の向上に向けた対応策」に基づく学習の基盤となる言語能力・情報活用能力の育成を推進してまいります」と述べています。

　この結果から、情報を読み解き、言葉にする力が不足しているという課題が浮かび上がりました。スマートフォン等でインターネットを利用する時間が増える一方、その普及により、長い文章を読む機会、じっくり本を読む機会など、読む時間がどんどん減っていることがわかりましたが、そのことは必然かもしれません。さらに近年はスマートフォンの

普及により、細切れの情報を短時間で取得する習慣が一般化しました。その結果、練られた文章を読解しなければ情報を得られない書物からの情報収集では、時間がかかってしまうこともあり、高校生から避けられるようになったのかもしれません。結論を急ぐ最近の高校生の感性には、読書は合わなくなってきているのかもしれません。だからといって、読書により読解力を育成することは今の高校生が社会の中核になるころの先行き不透明な時代を生き抜かなければならないことを考えるとは避けられないことです。

　情報化社会が進展すると、自分で物事を考えずに、断片的な情報をただ受け取るだけの受け身の姿勢になりやすくなります。しかし、今後ますます社会は、情報をインプットして自分でじっくり考え再構成しアウトプットする人材を求めるはずです。

　高校生が読解力を身に付けるためには、ただ本を読むというような受動的な読書ではなく、著者と対話（キャッチボール）しながら、その考えや情報を積極的に読み解こうとする能動的な読書です。なぜなら能動的な読書により、自分の考えがより形成しやすくなるからです。高校生には、興味がありそうな本をまずは見つけてそれを能動的に読むことの必要性を感じます。

第3章

カリキュラム・マネジメント

第1節 »» カリキュラム・マネジメントを実施

　アクティブ・ラーニングの視点を持った授業への注目度は高いですが、何のためにそれをやる必要があるのかをよくわかっていないことが多いです。どの学校でもアクティブ・ラーニングの視点を持った授業を熱心に取り組んでいる教師はいますが、どうしてもその学校の教師集団の中で孤立してしまう傾向にあります。アクティブ・ラーニングの視点を持った授業は好きだから取り入れるとか嫌いだから取り入れないというものではなくて組織として全員で取り組むべきことです。

　カリキュラム・マネジメントについて田村（2011）は、「各学校が、学校の教育目標をよりよく達成するために、組織としてカリキュラムを創り、動かし、変えていく、継続的かつ発展的な、課題解決の営みである（p.2）」と定義しています。

　「次期学習指導要領答申」には「新しい学習指導要領等に向けては、以下の6点に沿って改善すべき事項をまとめ、枠組みを考えていくことが必要となる（p21）」とあります。

---

①「何ができるようになるか」（育成を目指す資質・能力）

②「何を学ぶか」（教科等を学ぶ意義と、教科等間・学校段階間のつながりを踏まえた教育課程の編成）

③「どのように学ぶか」（各教科等の指導計画の作成と実施、学習・指導の改善・充実）

④「子供一人一人の発達をどのように支援するか」（子供の発達を踏まえた指導）

⑤「何が身に付いたか」（学習評価の充実）

⑥「実施するために何が必要か」（学習指導要領等の理念を実現するために必要な方策）　　　　　　　　　　　（次期学習指導要領、2016、p21）

　まず各学校で、学校の教育目標として育成すべき資質・能力「何ができるようになるか」を明確にします。同様に各教科・科目等においても育成を目指す資質・能力を明確にします。次にこの資質・能力を育成するために、どのような教育内容「何を学ぶか」や教育の方法「どのように学ぶか」がよいのかを検討します。このときに「子供一人一人の発達をどのように支援するか」とか「実施するために何が必要か」とかについて留意するところを加えます。そして、実施したことにより「何が身に付いたか」（学習評価）を測定していくことが重要になってきます。

　マネジメントサイクルとは、Plan（計画）→ Do（実行）→ Check（評価）→ Act（改善）の4段階を繰り返しまわしながら業務を継続的に改善することをいいます。

　学校の教育目標として明確にした育成すべき資質・能力は、実際に教育内容や教育方法を工夫しながら実施したとき、どのようになったかを評価し、その年度の改善すべきところを整理分析することで課題が浮き彫りになります。その課題が次年度の目標設定につながります。「どのように学ぶか」を考えるときにアクティブ・ラーニングの視点での授業改善が一部の教師だけではなく学校全体を挙げて取り組むべきものであることがわかります。

第2節 »»» カリキュラム・マネジメント

　カリキュラム・マネジメントは、小・中・高の教育界ではみんなが当たり前のように使っているワードになってきました。しかしこれもアクティブ・ラーニングと同様に言葉は知っているが意味は理解していないという人が多いような気がします。

　カリキュラム・マネジメントについて、「カリキュラムは教育課程のことで、マネジメントは生産管理や品質管理などの管理業務のときに使うPDCAサイクルのことをマネジメントサイクルというのでそれを合わせたもの」とか「マネジメントサイクルがPlan（計画）→ Do（実行）→ Check（評価）→ Act（改善）の4段階を繰り返しまわしながら業務を継続的に改善することなのでそれに教育課程を合わせたもの」と考えてみました。

　「次期学習指導要領答申」ではカリキュラム・マネジメントについて「教育課程とは、学校教育の目的や目標を達成するために、教育の内容を子供の心身の発達に応じ、授業時数との関連において総合的に組織した学校の教育計画であり、その編成主体は各学校である。各学校には、学習指導要領等を受け止めつつ、子供たちの姿や地域の実情等を踏まえて、<u>各学校が設定する学校教育目標を実現するために、学習指導要領等に基づき教育課程を編成し、それを実施・評価し改善していくことが求められる。これが、いわゆる「カリキュラム・マネジメント」である（p23）</u>」とあります。

　ここでは、各学校は、学校の教育目標をよりよく実現するために、各学校の教育計画を立てて、教育活動を行うための教育課程を編成し、それを実施・評価し改善していく必要があるとしています。

　高等学校学習指導要領（2018）では、各学校においては、生徒や学校、地域の実態を適切に把握し、教育の目的や目標の実現に必要な教育の内

容等を教科等横断的な視点で組み立てていくこと、教育課程の実施状況を評価してその改善を図っていくこと、教育課程の実施に必要な人的又は物的な体制を確保するとともにその改善を図っていくことなどを通して、教育課程に基づき組織的かつ計画的に各学校の教育活動の質の向上を図っていくことに努めることとしています。そしてこのことをカリキュラム・マネジメントと定義しています（p4）。

第3節》》 アクティブ・ラーニングとカリキュラム・マネジメント

「審議のまとめ」では、「アクティブ・ラーニングとカリキュラム・マネジメントの関係は教育課程を軸にしながら、授業、学校の組織や経営の改善などを行うためのものであり、両者は一体として捉えてこそ学校全体の機能を強化することができる（p24）」とあります。

主体的・対話的で深い学びの実現を目指し、いわゆるアクティブ・ラーニングの視点で授業改善をしている教師は、以前よりは増加しましたが、現在でもまだ多いとはいえません。もしかしたら、アクティブ・ラーニングを推進する教師は校内では少数派であり、今でもやりにくい状況下で頑張っているかもしれません。

カリキュラム・マネジメントについては解説総則編によると、

教育課程はあらゆる教育活動を支える基盤となるものであり、学校運営についても、教育課程に基づく教育活動をより効果的に実施していく観点から組織運営がなされなければならない。カリキュラム・マネジメントは、学校教育に関わる様々な取組を、教育課程を中心に据えながら組織的かつ計画的に実施・評価し、教育活動の質の向上につなげていくこと　　　　　　　（解説総規編、2018、p45）

とあり、組織的かつ計画的に実施・評価し、教育活動の質の向上につなげていくことを指します。

カリキュラム・マネジメントで重要なことは、「何ができるようになるか」⇒「何を学ぶか」・「どのように学ぶか」⇒「何が身に付いたか」、そして実施していることについての評価の資料を収集し検討し改善点を明確にして改善を図ることを発展的に繰り返していくことを指します。「何ができるようになるか」とは育成を目指す資質・能力を明確にすることです。次に「何を学ぶか」とは教科等の学ぶ意義や指導内容、教育課程の編成をどのようにするかです。そして「どのように学ぶか」とは各教科等の指導計画の作成と実施、学習の仕方・指導の仕方等になります。更に「何が身に付いたか」とは、教育課程であったり、学習・指導であったり、それらを資料に基づき評価し発展的に改善につなげることです。

「何ができるようになるか」という資質・能力を明確にすることが求められました。各学校ではその育成を目指すという到達目標があるので、達成のためには内容もさることながらどのような方法を取るかが重要になります。

育成を目指す資質・能力の三つの柱である「知識・技能」「思考力・判断力・表現力」「学びに向かう力・人間性」が示されています。そのうちの「知識・技能」は一方向の知識の伝達注入型の講義形式でも育成することは可能でしょうが、「思考力・判断力・表現力」「学びに向かう力・人間性」については生徒に主体的な学び、対話的な学び、深い学びの中でしか育成することができないと考えます。

いわゆるアクティブ・ラーニングの視点で授業を行うのは、教師の個人的な興味や関心ではなく、それぞれの学校のすべての教師が一丸となって育成を目指す資質・能力の三つの柱を育成するために取り組むべきものです。その点を勘違いしている学校や教師がまだ多く見受けられることは残念なことです。

第4章
アクティブ・ラーニング型授業

第1節 »»» 高等学校の授業形態はいまだに 一方向型が主流？

　高等学校における授業形態は、長い間知識注入伝達型の一方向の講義形式が多かったです。もしかしたら現在もそれが主流であり、あまり変わっていないかも知れません。

　ところで、高等学校では、在校生、保護者、受験生、中学教師、同窓生などのステークホルダーへの発信のために学校案内やWebページを開設しているところが多いです。わかりやすい実績報告としては大学合格者数（特に難関大学といわれている大学への合格者数）を示すことが一番効果的です。そのために大学合格者数を増やすことが学校の至上命題のようになってしまいがちです。そのことと知識伝達注入型の一方向の講義形式の授業形態とどう関係があるのかということです。担当教師としたら知識伝達注入型の授業形態により今までそれなりに効果が上がっているので、大学受験を目的に生徒を指導するときにあえて授業形態を変える必要があるのか疑問を持ちます。

　溝上（2014）はアクティブ・ラーニングを「一方向的な知識伝達型講義を聴くという（受動的）学習を乗り越える意味での、あらゆる能動的な学習のこと。能動的な学習には、書く・話す・発表する等の活動への関与と、そこで生じる認知プロセスの外化を伴う（p32）」と定義をしています。ここで、認知プロセスとは、知覚・記憶・言語・思考といった心的表象としての情報処理プロセスのことを指します。「思考」には、

論理的／批判的／創造的思考、推論、判断、意思決定、問題解決などがあると定義しています。この認知プロセスを外化することが知識を定着するのには有効といわれています。

　本来は生徒が大学に合格するための知識・技能や思考力等を身に付け、入試で適切にアウトプットできることが問題であり、どのくらいインプットしたかとは関係がないはずです。それにもかかわらず教師が知識伝達注入型の一方向の講義形式の授業を続けるのは、自分が知識を伝達注入のためにしゃべることで、たくさんの知識を生徒にインプットできるために何となく自身が安心できるし、生徒の受験勉強に関わった感を得ることができるし、自己満足感も得ることができるということもあるかもしれません。

　そしてこの授業形態が今も続いている理由のうちの一つは大学入試でそれなりの結果を出せているからでしょう。成績の良い生徒の多くは、教師がたとえ知識伝達注入型の一方向の講義形式の一斉授業を行ったとしても結果的に自身で認知プロセスの外化をします。例えば、教師の話をノートに一字一句違わずに書くのではなく話の内容を自分で再構成したものをノートに書く、つまり認知プロセスの外化を伴っています。教師の板書をノートに写すときも同様です。そのことによって知識伝達注入型の一方向の講義形式の一斉授業形態においても知識を定着させることができると考えます。

　なぜ文部科学省が学習指導要領の改訂で、アクティブ・ラーニングの視点での授業改善や「主体的・対話的で深い学び」を求めるのか。変化の激しい社会を生き抜くために教科・科目の内容ベースから資質・能力の育成というコンピテンシーベースへ代わったからです。知識伝達注入型の講義形式の授業形態では育成を目指す資質・能力の三つの柱を育成することはできません。そのことを考えても知識伝達注入型の講義形式の授業形態以外も発見し、実践しながら工夫する必要があるでしょう。

第2節 》》》 アクティブ・ラーニングは目的に応じてふたつある

　森（2016）はアクティブ・ラーニングについて、授業の目的に着目して、「能力育成型」と「知識定着型」の二つのタイプに分けています。小学校・中学校・高等学校の教師の中で、アクティブ・ラーニングが目的に応じて二つのタイプに分けることができると認識している教師はあまりいないのではないでしょうか。それについて、文部科学省や教育委員会が明確にしてくれなかったために悩んでいる教師は多くいるのではないかと思います。学習指導要領の中にはそれとなく書いてある部分もありますが、それを読み解くことは難しいことです。今は「アクティブ・ラーニングの視点に立った授業改善」より「主体的・対話的で深い学び」の実現に向けた授業改善ですから、そのような分け方があること自体、どこにも示す必要はなくなってしまいました。

　「能力育成型」は、まさにアクティブ・ラーニングの真髄でもあるコンピテンシーの育成を主眼に置いた方法です。既存の知識を活用しながら、課題解決やプロジェクトを他者と協働しながら活動することで、社会に近い環境を整え、その中で様々なコンピテンシー育成を目指します。この場合は、従来通りの獲得された知識の評価ではなく、パフォーマンス自体を評価する必要もあることから、評価方法について新たな開発が必要となります。「能力育成型」の多くは、プロジェクト型学習や課題解決型学習などがこれにあたります。日本の大学のカリキュラムにおいては初年次教育に導入される場合もあります。2012年度時点で93.5%の大学で導入されている初年次教育において、プレゼンテーションやグループのディスカッションなど外化を伴う活動をその教育目標としている授業が73.8%に達しています。

　大学での初年次教育については、アカデミックスキル（学問をするた

めに必要な能力）の獲得が目的であるものの、大きな目的としては大学での学習や生活への適応が挙げられます。このことから、これらの基盤となる学びの共同体をどのように構築していくのか、グループ活動を通じながら仲間づくりの促進のために重点が置かれていることが分かります。大学では初年次教育から高学年の専門教育まで行われています。

　一方、「知識定着型」は深い理解や知識の定着をアクティブ・ラーニングによって図ることを目指すタイプです。ただ大学においては現実にはこのような達成目標を持つ学士課程の基盤となるコア科目においてアクティブ・ラーニングを導入している授業は少ないです。学士課程教育の基盤だからこそ＜教える＞をベースに、正しい知識の定着が求められています。しかしこれまでの多くの学習研究系の学問分野が証明してきたように、より深い理解や定着は、主体的な学びからのみ得られるのです。

　アクティブ・ラーニングは「能力育成型」と「知識定着型」がありますが、いずれにしても生徒が能動的に授業に取り組むことが前提になります。高等学校では、総合的な探究の時間や特別活動においては「能力育成型」の方がやりやすいでしょうし、理科や数学においてはすべてではありませんが「知識定着型」のアクティブ・ラーニング方がやりやすいのではないかと思います（p93-94）。

第3節 》》》 アクティブ・ラーニングの手法を使うメリット

　グループでアクティブ・ラーニングの手法で学習するときには留意することがあります。アクティブ・ラーニングはグループ学習のときに有効ですが、グループ学習したからそれがアクティブ・ラーニングであるとはいえません。

アクティブ・ラーニングは「認知プロセスの外化」といわれています。認知プロセスとは、頭の中で考えをつくっていく過程のことで、見たり聴いたり読んだりして頭の中に入ってきた知識や情報を、自分なりに話したり教えたり書いたりできるように考えをまとめていく過程です。外化とはアウトプットのことです。話したり教えたり書いたりして自分で考えたことを外に向けて発信・表現することです。ですからアクティブ・ラーニングは、入ってきた知識や情報を相手にわかりやすく説明できるように再構成しそれを発信・表現することになります。

グループ学習で、この手法を使うときにはその目的を意識することです。例えば、知識を定着させる、みんなが納得できる答えを目指して考えを出し合う、「認知プロセスを外化する」能力を身に付ける、などの目的が考えられます。この手法を使いながらグループ学習をして「認知プロセスを外化する」能力を高めることができれば、グループ内での話を深めることでき、そこから新しい考えが生まれてくる可能性はあります。

大事なことは「なぜアクティブ・ラーニングを行うのか」という目的です。それが明確になり、生徒と共有しながら授業を行うことができれば、様々な面で効果を得ることができる授業になるでしょう。時間の都合上、アクティブ・ラーニングの手法を使ったグループ学習の授業ができないのであれば、講義型の授業の一部の時間帯に「認知プロセスを外化」する、つまり話したり教え合ったり書いたりするための時間を設けるという方法もあります。あるいは月4回の授業のうち3回を知識獲得のために一方向の伝達・注入する講義型の授業を行い、残りの1回はグループ学習を行うなど、講義とグループ学習の様々な組み合わせを考えていくことができるのではないでしょうか。授業について、どのような形態でどのくらい時間を費やすかは授業の目的とアクティブ・ラーニングのメリット、デメリットから考えるべきでしょう。アクティブ・ラーニングの基本は能動的で深い学びですから、生徒が自分事になっていな

ければなりません。アクティブ・ラーニングのためのアクティブ・ラーニングは避けるべきでしょう。

　生徒がたくさんの知識、多様な考え方に触れることは大切なことです。そう考えると、授業で一方向的な授業を行うことで知識を短時間で伝達・注入する方法もある時間帯では必要かもしれませんが、どのように変化するのか予想のつかない社会を生き抜くために必要な能力である能動性、多様性、協働性を育成するには、アクティブ・ラーニングを効果的に使いながらトレーニングをするしかないような気がします。アクティブ・ラーニングを効果的に使えば、インプットした知識を定着させること、インプットした様々な知識や情報を元々あった知識に結びつけることでの深い学び、新たな発想を創造する能力を育むこと、などは可能になるでしょう。

　アクティブ・ラーニングにはこれからの時代に必要になる様々な知識や情報を定着させたり、深めたり、創造させたりできますが、身に付くまでに多くの時間がかかると思われます。

　様々な教科・科目等で、幼稚園・小学校から大学まで一貫してこれらの能力を育てる意識を持ちながら、アクティブ・ラーニングという手法を使う機会を増やしてトレーニングしていく必要があると考えます。

第4節 »» アクティブ・ラーニングの視点

　アクティブ・ラーニングのような取組は以前からあったようですが、1991年に米国のチャールズ・ボンウェルとジム・アイソンによって、アクティブ・ラーニングが理論化され学習論になったといわれています。彼らの定義によるとアクティブ・ラーニングとは「学生にある物事を行わせ、行っている物事について考えさせること」であるとされ、また、アクティブ・ラーニングの一般的な特徴を以下のように捉えています。

（a）学生は、授業を聴く以上ことをおこなう

（b）情報の伝達より学生の技能の育成に重きが置かれている

（c）学生は高次の思考（分析、総合、評価）を働かせる

（d）学生は活動（例：読む、議論する、書く）に従事している

（e）学生が自分自身の態度や価値観を探求することに重きが置かれている

　「学生」を「生徒」と置き舞えることで高校関係者もアクティブ・ラーニングを少しイメージができるかもしれません。

　授業を聴くことでインプットされる知識を増やすというより、インプットされた知識を再構成してそれをアウトプットする（読む、議論する、書くなど）ことにより、知識の質を高めたり、知識を定着させたりすることができます。また社会生活や生涯学習を行うコミュニティーで学ぶときに必要になる態度や能力の育成に有効であるといわれています。

　ところで文部科学省では「アクティブ・ラーニングの視点を持った不断の授業改善」を求めています。しかし授業における学習形態をグループで行うとはどこにも書いてありません。

　授業において大切なのは、学習形態を含め、どのような視点で授業を行うかでしょう。

　アクティブ・ラーニングの視点とは以下の３つになります。

---

①　習得・活用・探究という学習プロセスの中で、問題発見・解決を念頭に置きつつ、深い学びの過程が実現できているかどうか。

②　他者との協働や外界との相互作用を通じて、自らの考えを広げ深める、対話的な学びの過程が実現できているかどうか。

③　子供たちが見通しを持って粘り強く取り組み、自らの学習活動を振り返って次につなげる、主体的な学びの過程が実現できているかどうか。

（論点整理、2015、p18）

つまり、授業を行うときに「深い学びの過程」「対話的な過程」「主体的な学びの過程」をできるだけ様々な場面で通すことを行っているか、意識しているか、が大切なことになります。従来型の大学受験のためには知識の量も重視しなければなりませんので、教師の一方向的な知識の伝達・注入の講義形式の一斉授業もときには必要になってきます。ただ新しい学習指導要領では、それにとどまるのではなく、授業においては、アクティブ・ラーニングの視点（「深い学び」「対話的な学び」「主体的な学び」）をもって不断の授業改善を行うとしています。

第5節 »»» いわゆるアクティブ・ラーニング

　当時文部科学大臣であった下村（2014）から中教審へ「初等中等教育における教育課程の基準等の在り方について」諮問がなされ、その後「高大接続改革答申」が公表され、高校教育の中に「アクティブ・ラーニング」という言葉が登場してきました。

　大学教育では「アクティブ・ラーニング」は「質的転換答申」の用語集で登場しました。

> 　教員による一方向的な講義形式の教育とは異なり、学修者の能動的な学修への参加を取り入れた教授・学習法の総称。学修者が能動的に学修することによって、認知的、倫理的、社会的能力、教養、知識、経験を含めた汎用的能力の育成を図る。発見学習、問題解決学習、体験学習、調査学習等が含まれるが、教室内でのグループ・ディスカッション、ディベート、グループ・ワーク等も有効なアクティブ・ラーニングの方法である。（質的転換答申用語集、2012、p37）

　高校では、先行的に大学で行われている「アクティブラーニング」と異なるので、文部科学省はその違いを意識してか、「いわゆるアクティ

ブ・ラーニング」「アクティブ・ラーニングの視点を持った」というような言葉を使って区別しているようです。

学習指導要領の改訂に関しての答申の公表に向けての中教審の「論点整理」、高大接続システム改革会議の「最終報告」などにより、「アクティブ・ラーニングの視点を持った授業改善」はそれぞれの学校で研修が進んでいることではないかと思います。

授業改善とは、授業の中にアクティブ・ラーニングの手法を取り入れることを指しています。だからといって、何んでもグループ学習するというのはいただけません。

大事なのは授業の形態ではなく、アクティブ・ラーニングにより、生徒がどのような資質・能力を身に付けたかです。用語集にもあるようにグループ学習は有効なアクティブ・ラーニングの方法です。しかし、問題はグループ学習で生徒がどのような資質・能力を身に付けるようにしたいかです。

そして、育成すべき資質・能力に必要な学びとしては、これまで多くの教師がやってきた一方向的な講義形式の授業だけではなく、アクティブ・ラーニングの視点を持った授業が効果的なのでそれも入れてみようということです。

授業の中に、ただ単にグループ学習を取り入れたからよいということではありません。教える教科・科目、学年、生徒のレベル、などそれぞれの文脈により授業の展開の仕方を変えることが必要になってきます。

新しい時代に必要な資質・能力が生徒に身に付くような授業の改善が今後ますます求められるはずです。

第6節 ≫≫≫ アクティブ・ラーニングで知識の習得

　生徒が能動的に授業に取り組んだときには知識の習得だけでなく、定着が起こるといわれています。石井は「活動的で協働的な授業は知識の習得や定着とも関係している。そもそも考える力の育成は知識の習得と切っても切れない密接な関係にある」といっています。

　情報（知識）は、見たり、聞いたり、読んだりすることでインプットされます。次にインプットされた情報（知識）を、アウトプットするためには、頭を活性化させ、自分の言葉になるように再構成します。このときに思考することになります。その過程を認知プロセスといいます。

　溝上（2016）は、認知プロセスとは「知覚・記憶・言語、思考（論理的／批判的／創造的思考、推論、判断、意思決定、問題解決など）といった心的表象としての情報処理プロセス（p29）」としています。そして再構成し、自分の考えになったものを、書いたり、話したり、発表したりすることで、インプットされた情報を、自分の言葉としてアウトプットします。それを外化といいます。さらに、能動的な学習は、書く・話す・発表する等の活動への関与と、そこで生じる認知プロセスの外化を伴うものです（溝上2016）。

　思考しようとしても基盤となる既習した知識がなければできません。思考し表現する活動には必ず何らかの知識の習得や活用が伴うといわれています。

　ところで、知識については、新しい知識は、既有知識をつなぐ能動的な思考がないと獲得できません。したがって思考することで、与えられた新しい知識と既有の知識を関連付ける必要があります。つまり、知識を再構成して、自分の言葉にするには、事前に必要な知識が備わっていなければならないというわけです。

　一方、自分自身で納得できないために、新しい知識が既有知識と関連

付けがなされず、再構成できていない場合には、新しくインプットされた知識は定着するどころかすぐに剥がれ落ちてしまいます。知識は、主体によって解釈・構成されるものなので、詰め込みたくても詰め込めません。

例えば、テスト成績に表れる知識（いわゆるテスト学力）の習得状況は、教える内容の量と質を前提条件にしながら、授業の過程で、学習者が意識を集中すべき部分に、どれだけ頭を使って、内容の意味を構成できているかに規定されます。

教師の一方的な説明による一斉授業の形態であっても、学習者に学ぶ力があれば、内面において、上記のような有意味な学びが展開されることは不可能ではありません。

しかし、一方向型の講義形式の一斉授業の形態では、多くの場合には、教師の話を聞いて、外面的には、板書の内容を真剣にノートに写す行動が見られたとしても、内面では別のことを考えていたり、そもそも志向がストップしていたりしている場合が多いものです。

たくさんの知識を生徒に伝えるには一方向型の講義形式の一斉授業の形態が効率的かもしれません。ただ、そのために、認知プロセスの外化が起こる機会が設定できなければ、その授業は、「俺は伝えたぞ」という教師の自己満足に終わってしまいます。

第7節»» アクティブ・ラーニングに対して親が苦情

中教審教育課程部会（第96回）の議事録にはアクティブ・ラーニングについて、生重（2016）から以下の意見が出たとありました。

「アクティブ・ラーニングを先進的に取り組んで、授業の中にその観点を生かしながら授業づくりをしているときに、保護者からかなりの数でクレームが付いたのが、15分しかちゃんと教えていないということ。

あとは子供が好きにしゃべっているだけで、これは授業じゃないんじゃないかと言ってお母様方に怒られたということがあった。」

　もしかしたら担当の教師は、生徒が能動的に活動できる時間を増やすために、従来50分で説明していた学習内容を要領よくポイントを押さえながら15分で一方向型の講義形式の一斉授業を行い、生み出すことができた時間をアクティブ・ラーニンの手法を用いながら、授業を行ったのかもしれません。そして、授業の初めの時間帯で学んだ知識を活用する学習を行うために、グループをつくり、主体的・対話的で深い学びのある授業を行ったかも知れません。

　ところが、保護者の目に映ったのは、ていねいに説明をせずに手を抜いている教師、さらに授業中にもかかわらず、一見すると遊んでいる生徒、そのような授業に映ったのだと思います。ですから、もっとしっかり知識を生徒に与えて、受験にも役立つ授業をしてほしいと思ったのでしょうか。

　保護者の方が生徒のころには、黙って静かに黒板に書いてある内容をひたすらノートに書き写す。教師の話は黙ってよく聞く。特に過去の入試で出たとか、定期試験に出ると臭わせたところはノートに必ずメモしておく等、以前は、そのような授業が生徒に安心感を与え、そのように振舞っている生徒はよい生徒でした。

　反対に、講義の途中で積極的に質問をすると少し変わっているとみんなから思われたのではないでしょうか。

　教える内容は減らさない、授業に対して、生徒が受身ではなく能動的に学び、かつ授業の進度が遅くならないとなると、このようなやり方も考えられます。

　教師が、細かく丁寧に説明すると生徒はかえって受身になってしまう傾向にあるといわれます。

　いままでは一方向型の講義形式の一斉授業であったのに、急になぜ今はアクティブ・ラーニングの視点を持った授業を求めるのか。

第4章 > アクティブ・ラーニング型授業　　69

それはこれからの日本社会が生徒に求めている資質・能力が変わってきたからです。

今後日本の若者が身に付けなければならない資質・能力について、国民全体で共通理解を図っていく必要があります。

第8節 》》》アクティブ・ラーニング型授業①

アクティブ・ラーニングの手法については、以前に比べると、それぞれの学校に普及してきたためか落ち着いてきた感じがあります。文部科学省では、アクティブ・アーニングの前に「いわゆる」を付けたり、主体的・対話的で深い学びの実現といったりしていますので、そちらの言い方が学校関係者の間には定着しやすかったのかと思います。

ところで、溝上（2016）が提唱している授業形態には、講義とグループワークを取り入れたアクティブ・ラーニング型授業があります。「高等学校におけるアクティブラーニング理論編」には「講義はこれからも重要なパートだが、ただ講義を聴くだけでは、知識を活用したり、理解を他者に表現したりする力は育てられない。社会に出れば、実際の社会や生活に関する問題の解決に知識を解決したり、異なる背景を持つ様々な他者と、同じ課題をもとに知識を教え合ったり共有したり、反論したりする理解の表現の機会がごまんとある」「あらゆる授業を、知識を習得する時間（講義パート）と、それをふまえた、書く・話す・発表するなどの活動の時間（アクティブラーニングパート）を組み合わせた「アクティブ・ラーニング型授業」（講義＋アクティブ・ラーニング）を創出することである（p.35）」とあります。

アクティブ・ラーニングの使い方として、アクティブ・ラーニング型の授業が適していると思いますが、その導入については高等学校の教師間には温度差があります。教科・科目において、アクティブ・ラーニン

グのみの授業を毎回行ったという教師はほとんどいないでしょう。一方、知識の伝達・注入型の講義形式のみの授業を毎回行っている教師は現在でもかなり見受けられます。

知識の伝達・注入型の講義形式のみの授業の場合、教師はもうこれだけ知識を伝授したわけだから、それが身に付いたかどうかは生徒次第という他力本願的なところがあります。

本来は、生徒に知識を伝えた量より、生徒がどれくらい知識を定着させたかが問題となるはずです。それを考慮に入れない授業は自己満足に過ぎません。

教師が最初から最後まで一方向の講義型の授業を行うと、講義によってインプットされた知識を既にある知識と結びつけて知識を再構成する機会や、再構成したものをアウトプットする機会がありません。読んだり、聴いたり、観たりしてインプットした情報や知識を、再構成する、つまり認知プロセスを経ることで、自分の考えを形成することができます。そして、そこで形成された考えを、書くとか話すとかアウトプットする行為により外に対して発信する（認知プロセスの外化）ことができ、結果として知識・情報を定着させることができるといわれています。

新しい知識を既にある知識や経験、考えなどと関連付けながら学習することにより、深い学びが生まれるといわれています。石井（2017）によれば、「学びが深まった」と感じるのは、自明であったもの、わかったつもりであったもの、その見方が転換し、より腑に落ちたり、新しい視野が開けた感覚を持ったりしたときなのです。こうした深まる経験により、様々な意見が縦横につながり、新たな視点や着想や発想が生まれるのでしょう。

中でもグループを単位とした創発的なコミュニケーションは小さな発見や視点転換が多く生まれることで枠組みの再構成を促しやすいといえます。

深い学びにおいて知識とは単独で棒暗記のように記憶されるものでは

なく、様々な既存の知識や経験考えとの関係の中に位置づけられ構造化されています。

　新しい知識を様々な既存の知識、考えとの関係のなかに位置付け構造化する学びの過程は「記憶する」「理解する」「活用する」「分析する」「評価する」「想像する」といった認知的な操作を駆使することが不可欠です。この認知的な操作を駆使する過程すなわち学びの認知プロセスこそが、特に思考力や判断力に関わる資質・能力を育成する原動力となります。授業の中で認知プロセスを外化する機会を作ることへの意識を持つことが大切であり、そのことが深い学びをつくることにつながるはずです（P77-83）。

第9節»» アクティブ・ラーニング型授業②

　教師がはじめから終わりまで、一方向的に授業をしてしまうと、生徒がアウトプットする機会がありません。

　いわゆるアクティブ・ラーニングにおいて、グループやペアの形態で学習するのは「認知プロセスを外化する」というアウトプットする機会を確保するためです。

　当然その前の段階においては、知識・情報をインプットする過程、インプットされた知識・情報を既にある知識・情報と結びつけるための再構成する機会の設定が必要です。

　限られた授業時間の中で、この再構成の時間とアウトプットする時間を生み出さなければなりません。

　アクティブ・ラーニング型の授業における講義では工夫が必要です。インプットするときの時間の短縮を考える必要があります。工夫次第で、一方向の講義形式の一斉授業でインプットするときと同じだけの知識・情報を得ることができます。

例えば、黒板に板書する時間、板書したものを生徒がノートに写す時間を短縮すれば、生徒がアウトプットする時間が増えます。そのために板書する代わりにプロジェクターで板書する内容のスライドを映し出したり、板書する内容を事前に印刷して生徒へ配付したり、などがあります。

　もし授業中に、アウトプットする時間が取れないのであれば生徒に課題を出すことです。授業外でその課題を生徒が能動的にアウトプットすることができれば、知識の定着や深い学びを得るための機会をつくり出せたといえます。ただ宿題や課題となると生徒はどうしてもアクティブ（能動的）ではなくパッシブ（受動的）になりがちです。「提出ありき」になってしまうと、他人と意見交換しながら答えを導くのではなく他人の答えを丸写しにしたり、問題集を解く課題であれば解答を見ながらでも理解する過程を経ることなくそのまま書き写したりして課題を提出することだけに意識が集中してしまいがちです。なぜ課題を行うかの意義が理解できればこのような行為は減ると思いますが、「やらさせれている」感覚が強い場合には「出せばいいのでしょう」とパッシブになってしまいます。

　生徒自身で再構成しアウトプットする過程を意識することなく自然にできればよいですが、おそらく大多数の生徒はそうはいかないでしょう。その過程を意識し行える生徒はすでに優秀です。ただしそのような生徒は限られた一部の生徒だけでしょう。

　これからの教師に求められるのは、知識のインプットの量ではなく、インプットした知識を既存の知識と結びつけ再構成し、アウトプットすることで、思考力を高めたり知識の定着を図ったりすることです。「認知プロセスの外化」を生徒に意識させるとともに、その過程を踏まえた授業を展開することではないでしょうか。

第10節 »»» 「アクティブ・ラーニング」が消えました

　溝上の「現場の改革に繋げよ！－学習指導要領改訂（案）に対するコメント」には、以下のような文書が掲載されています。

　「「文部科学大臣告示」という形式で出される行政文書としての学習指導要領（案）において、主体的・対話的で深い学びが説かれ、「アクティブ・ラーニング」が記載から外れたことはまことに残念である。しかし、答申では明確に示された「アクティブ・ラーニング」である。主体的・対話的で深い学びと説明されるときには、その背後に「アクティブ・ラーニング」の用語があると理解していいのではないか。」

　「「主体的・対話的で深い学び」では、この改革でもっとも訴えなければならない講義一辺倒の授業を脱却する、あるいはチョーク＆トークの授業を脱却するというメッセージ性が弱いという問題がある。アクティブ・ラーニング論は、何より講義一辺倒の授業を脱却するところに最大の出発点があり、そのうえで「アクティブ」な学びを特定してきた学習論である。とくに高校、大学の関係者は、今一度アクティブ・ラーニング論の基本に立ち返って、施策推進を充実させる現場の教育実践に注力してほしい。」とありました。

　過日文部科学省がパブリックコメントのために公表した中学校学習指導要領（案）の中には「アクティブ・ラーニング」の言葉はありませんでした。

　もともと中教審や文部科学省は、「アクティブ・ラーニング」には「いわゆる」を常に付けていましたし、答申においては「アクティブ・ラーニング」と「主体的・対話的で深い学び」はイコールの意味で使われていましたので、最後の段階で「アクティブ・ラーニング」を削除したのかと思います。

　「アクティブ・ラーニング」は、多くの学校で、とにかく始めること

が重要と考え、とりあえずグループ学習という学習形態から入ってしまいました。そのことが「活動あって学びなし」とまで揶揄され、その結果、今回の「アクティブ・ラーニング」削除の原因になったような気がします。

　解説総則編によると、中教審への諮問（2014）「初等中等教育における教育課程の基準等の在り方について」において、育成すべき資質・能力を確実に育むための学習・指導方法はどうあるべきか、特に今後の「アクティブ・ラーニング」の具体的な在り方についてどのように考えるかを諮問しました。これを受け中教審で検討した結果、生徒に必要な資質・能力を育むための学びの質に着目し、授業改善の取組を活性化していく視点として「主体的・対話的で深い学び」を位置付けました。「主体的な学び」「対話的な学び」「深い学び」の視点は、各教科等における優れた授業改善等の取組に共通し、かつ普遍的な要素であるとしました（p117）。

　より具体的な授業改善の視点を示す意味では「主体的・対話的で深い学び」の方がわかりやすいかもしれません。ただその一方で、溝上（2016）が指摘しているように「講義一辺倒からの授業からの脱却」を図るという目的からすると「主体的・対話的で深い学び」ではトーンダウンしたという見方もできます。特に「対話的な学び」は広く解釈しているだけに、取り方によっては従来どおりの講義一辺倒型の授業もありということになってしまいます。

　いずれにしても、原点である育成を目指す資質・能力の三つの柱を、生徒が授業の展開の中で身に付けるという視点で授業の組み立てを考えていく必要があります。

第5章

主体的・対話的で深い学び

第1節»» 授業改善を行うときの三つの視点

　主体的・対話的で深い学びの実現に向けた授業改善を行うときの具体的な内容については、次期学習指導要領答申において、以下の三つの視点に立って授業改善を行うことが示されました。

①　学ぶことに興味や関心を持ち、自己のキャリア形成の方向性と関連付けながら、見通しをもって粘り強く取り組み、自己の学習活動を振り返って次につなげる「主体的な学び」が実現できているかという視点。

②　子供同士の協働、教職員や地域の人との対話、先哲の考え方を手掛かりに考えること等を通じ、自己の考えを広げ深める「対話的な学び」が実現できているかという視点。

③　習得・活用・探究という学びの過程の中で、各教科等の特質に応じた「見方・考え方」を働かせながら、知識を相互に関連付けてより深く理解したり、情報を精査して考えを形成したり、問題を見いだして解決策を考えたり、思いや考えを基に創造したりすることに向かう「深い学び」が実現できているかという視点。

　解説総則編では、「教科等の特質を踏まえ、具体的な学習内容や生徒の状況等に応じて、これらの視点の具体的な内容を手掛かりに、質の高い学びを実現し、学習内容を深く理解し、資質・能力を身に付け、生涯にわたって能動的（アクティブ）に学び続けるようにすることが求められている（p118）」とあります。「学習内容の理解、資質・能力の育成、生涯能動的に学び続ける姿勢」を求めているかと思われます。

主体的・対話的で深い学びについては、１単位時間の授業の中で、
「主体的な学び」「対話的な学び」「深い学び」を同時に入れることは難
しいという意見を反映して、１単位時間の授業の中に全て入れるのでは
なく、授業者が単元や題材など内容や時間のまとまりを見通して、その
中で三つの視点を実現できればよいとなりました。

①については、生徒が主体的に学習に取り組めるように、学習の見通し
を立てたり学習したことを振り返ったりして、自身の学びや変容を自覚
できる場面をどこに設定するかを踏まえながら授業を組み立てること。

②については、対話によって自分の考えなどを広げたり深めたりする場
面をどこに設定するか、学びの深まりをつくりだすために、生徒が考え
る場面と教師が教える場面をどのように組み立てるか、といった観点で
授業改善を進めること。

③については、習得・活用・探究という学びの過程の中で「見方・考え
方」を働かせることを通じて、より質の高い深い学びにつなげること。
深い学びの視点に関しては各教科等の学びの深まりの鍵となるのが「見
方・考え方」になります。ちなみに「見方・考え方」は、新しい知識及
び技能を、既にもっている知識及び技能と関連付けながら社会の中で生
きて働くものとして習得したり、知識を活用して思考力、判断力、表現
力等を豊かなものとしたり、社会や世界にどのように関わるかの視座を
形成したり、資質・能力の三つの柱を育成するために重要なものです。

　主体的・対話的で深い学びの実現に向けた授業改善を考えるというこ
とは、単元や題材など内容や時間のまとまりをどのように構成するかと
いう一年間の授業全体のデザインを考えることになります。

第2節 »»» 主体的・対話的で深い学び①

中学校学習指導要領（2017）から「アクティブ・ラーニング」という

言葉が消え、授業における「主体的・対話的で深い学び」の視点が使われています。高等学校学習指導要領（2018）でも同じです。「アクティブ・ラーニング」という言葉は定義が曖昧なあるいは外来語であり、法令には適さないからという理由だといわれています。グループ学習ありきの画一的な指導になってしまう恐れがあるからだともいわれています。それでは、「主体的な学び」「対話的な学び」「深い学び」とは一体どのような学びでしょうか。

　「主体的な学び」とは、一般的には、本人がパッシブ（受け身）ではなくアクティブ（能動的）であるとか、チャレンジ精神があるとか、一歩踏み出す勇気があるとかを指します。授業における視点として文部科学省では「1時間ごと、あるいは単元ごとの学習を振り返って現状を把握し、その後の学習を適切にコントロールして粘り強く取り組むこと」と述べてます。見通すことや振り返ることにより、やること・やったことが明確になるほど学習は積極的になる生徒が多くなるのは事実です。

　「対話的な学び」とは、教師と生徒の対話、生徒同士の対話、書物などと自分自身との対話のことを指しています。他者との対話や質疑応答などを通して、自分の考えをまとめたり、深めたり、広げたりすること（再構成）ができるはずです。対話のとき相手から言葉が新たな自分の考えを創造するときのヒントとなることもあります。対話は言語活動のことですから、それを充実させることは高等学校学習指導要領（2009）と基本的には同じです。

　特に「対話的な学び」には環境を整える必要があります。分からないこと、できないこと、間違えることがあってもそれを受け入れることができる学習集団をつくることが大切です。そのための教師の役割は非常に大きいものがあります。

　「深い学び」については耳障りはよいけれども、具体的にどのようなことを指すのかわからない言葉ではないでしょうか。最近は、アクティブ（能動的）な学びより深い学びのほうが強調されてきたような気がし

ます。学びの質が着目されるようになりました。

石井（2017）は、「学びが深まったと感じるのは、自明であったもの、わかっていたつもりであったものについて、その見方が変わったとき、より腑に落ちたり、新しい視野が開けた感覚を持てたりしたとき（p77）」といっています。

深まったと思えるのは、「様々な意見が縦横につながり、新たな視点や着想や発見が生まれ出ることでもたらされたとき」「なぜなのか、本当にそれでいいのだろうかと、理由を問うたり前提を問い直したりして、一つの物事を掘り下げることでもたらされたとき（p77）」としています。

グループ学習では様々な考えを持っている生徒が集まり学習を展開するので多様性が出てきます。学習の途中で、小さな発見や視点転換が生まれやすいので、自分の考えを整理して再構成したり、新たな課題に気づいたりしやすいといわれています。

グループ学習に積極的に参加するためには、意見交換を始める前に、各自がまず自分自身の考えを短時間でざっとまとめてみることです。それにより意見交換では自分の考えを伝えやすくなります。今まで持っていた知識に意見交換により得た新しい知識が加わったときに深い学びができます。

第3節 »» 主体的・対話的で深い学び②

新しい学習指導要領は、小学校では 2020 年度、中学校では 2021 年度から完全実施され、高等学校では 2022 年度から段階的に実施されます。

今回の目玉はアクティブ・ラーニングの視点をもって授業を行うことです。多くの学校では授業の中でグループをつくって学習することと解釈しているようですが、その結果「アクティブ・ラーニングは活動あって学びなし」「アクティブ・ラーニングという名の新たな受け身の授業

が始まった」などと揶揄されました。「グループ学習を取り入れなければアクティブ・ラーニングではない」「グループ学習にしておけば授業を見直す必要はない」などアクティブ・ラーニングの学習形態に着目して理解がなされたからでしょう。

アクティブ・ラーニングについては、「質的転換答申」の用語集では「教員による一方向的な講義形式の教育とは異なり、学修者の能動的な学修への参加を取り入れた教授・学習法の総称。学修者が能動的に学修することによって、認知的、倫理的、社会的能力、教養、知識、経験を含めた汎用的能力の育成を図る（p37）」とあります。小中学校や高等学校では、アクティブ・ラーニングの視点である「主体的な学び」「対話的な学び」「深い学び」を具体的に示し、それを意識した授業への改善を求めています。

学習者の「主体的な学び」のためには、授業に興味、関心が持てるように初めに見通しを示し、その達成に向けて粘り強く取り組ませ、最後に自らの学習活動を振り返らせるような過程を経験させることです。「対話的な学び」のためには、あらかじめ個人で考えたことを、意見交換したり、議論したり、する過程を経験させることです。そのことで新たな考え方に気が付いたり、自分の考えをより妥当なものとしたりすることができるようになります。さらに、「深い学び」のためには、新しく得た知識を既存の知識に結びつけて深く理解したり、得た情報を精査して考えを形成したり、問題を見いだして解決策を考えたり、思いや考えを基に創造したり、する過程を経験させることです。

アクティブ・ラーニングの視点を持った授業では、教師が知識を伝達・注入することで学習者の知識の量を増やしていくことより、知識と知識を相互に関連付けながら、考えを深めたり、判断したり、自分の考えを発信したり、する過程を経験させることが求められています。そのような方法で学ぶことで、日常生活や社会生活を送るときに必要な汎用的な能力を身に付けたり、社会生活における学び方を知ることができた

りします。

　授業はすべてグループで学習する必要はありません。一方向的な講義形式の伝達・注入型の授業形態は学習者が受動的になりやすいですが、学習者が能動的であれば「主体的な学び」や「対話的な学び」は実現できるかもしれません。ただ「深い学び」はこの学習形態の授業では難しいでしょう。

　ペアやグループをつくって学習しても、その目的や意義を理解しないまま行えば、学習者は受動的になってしまい「主体的・対話的で深い学び」を実現することはできません。

　もともとアクティブ・ラーニングがグループでの学習と解釈されてしまったのは、「質的転換答申」の用語集の「教室内でのグループ・ディスカッション、ディベート、グループ・ワーク等も有効なアクティブ・ラーニングの方法である。」を安易に解釈したからと思われます。大切なのは、学習形態ではなく、学習者が能動的になるような授業をいかに行うかではないでしょうか。

第4節 》》 主体的・対話的で深い学びの実現

　「審議のまとめ」では、「主体的・対話的で深い学び」の実現について「人間の生涯にわたって続く「学び」という営みの本質を捉えながら、教員が教えることにしっかりと関わり、生徒たちに求められる資質・能力を育むために必要な学びの在り方を絶え間なく考え、授業の工夫・改善を重ねていくことである（p46）」としています。

　この「主体的・対話的で深い学び」の実現がいわゆるアクティブ・ラーニングの視点をもって授業改善を行うことと同じ意味になります。

　「主体的・対話的で深い学び」の実現とは①〜③の視点に立って授業改善を行うことで、学習内容を深く理解し、資質・能力を身に付け、生

涯にわたってアクティブ（能動的）に学び続けるようにすることです。

① 学ぶことに興味や関心を持ち、自己のキャリア形成の方向性と関連付けながら、見通しを持って粘り強く取り組み、自己の学習活動を振り返って次につなげる「主体的な学び」が実現できているか。

　　生徒自身が興味を持って積極的に取り組むとともに、学習活動を自ら振り返り意味付けたり、身に付いた資質・能力を自覚したり、共有したりする。

② 生徒同士の協働、教職員や地域の人との対話、先哲の考え方を手掛かりに考えること等を通じ、自己の考えを広げ深める「対話的な学び」が実現できているか。

　　身に付けた知識や技能を定着させるとともに、物事の多面的で深い理解に至るためには、多様な表現を通じて、教職員と子供や、子供同士が対話し、それによって思考を広げ深めていくことが求められる。

③ 各教科等で習得した概念や考え方を活用した「見方・考え方」を働かせ、問いを見いだして解決したり、自己の考えを形成し表したり、思いを基に構想、創造したりすることに向かう「深い学び」が実現できているか。

　　各教科等で習得した概念（知識）や考え方を実際に活用して、問題解決等に向けた探究を行う中で、資質・能力の三つの柱に示す力が総合的に活用・発揮される場面が設定されることが重要である。教師はこの中で、教える場面と、生徒に思考・判断・表現させる場面を効果的に設計し関連させながら指導していくことが求められます。

　これら「主体的な学び」「対話的な学び」「深い学び」の三つの視点は、生徒の学びの過程としては一体として実現されるものであり、また、それぞれ相互に影響し合うものでもあるが、学びの本質として重要な点を異なる側面から捉えたものであり、授業改善の視点としてはそれぞれ固有の視点であることに留意が必要です。単元や題材のまとまりの中で、生徒たちの学びがこれら三つの視点を満たすものになっているか、それ

ぞれの視点の内容と相互のバランスに配慮しながら学びの状況を把握し
改善していくことが重要です。

第5節 »» 主体的・対話的で深い学びの実現に 向けた授業改善

　主体的・対話的で深い学びの実現に向けた授業改善（2018高等学校学
習指導要領第1章総則第3款1）については、解説総則編では「各教科・
科目等の指導に当たって、(1) 知識及び技能が習得されるようにするこ
と、(2) 思考力、判断力、表現力等を育成すること、(3) 学びに向かう
力、人間性等を涵養することが偏りなく実現されるよう、単元や題材な
ど内容や時間のまとまりを見通しながら、生徒の主体的・対話的で深い
学びの実現に向けた授業改善を行うこと、その際、各教科等の「見方・
考え方」を働かせ、各教科・科目等の学習の過程を重視して充実を図る
ことを示している（p117）」としています。(1)〜(3) は育成を目指す資
質・能力の三つの柱であり、生徒がそれらの資質・能力を身に付けるた
めの授業改善の取組を積極的に行っていくことが必要であります。

　中教審は、授業改善を行う時の視点として「主体的・対話的で深い学
び」を位置付けました。「主体的・対話的で深い学び」については、我
が国の学校教育の様々な実践や各種の調査、研究学術的な研究成果等を
踏まえて検討した結果、各教科等における優れた授業改善等の取組に共
通し、かつ普遍的な要素として中教審が「主体的な学び」、「対話的な学
び」、「深い学び」の視点をあげました。

　主体的・対話的で深い学びの実現に向けた授業改善の具体的な内容に
ついては、次期学習指導要領答申が、以下の三つの視点に立った授業改
善を行うことが示しています。各教科・科目等の特質を踏まえ、具体的
な学習内容や生徒の状況等に応じて、これらの視点の具体的な内容を手

第5章 > 主体的・対話的で深い学び　　83

掛かりに、質の高い学びを実現し、学習内容を深く理解し、資質・能力を身に付けて生涯にわたってアクティブ（能動的）に学び続けるようにすることを求めています。

①　学ぶことに興味や関心を持ち、自己のキャリア形成の方向性と関連付けながら、見通しをもって粘り強く取り組み、自己の学習活動を振り返って次につなげる「主体的な学び」が実現できているかという視点。

②　子供同士の協働、教職員や地域の人との対話、先哲の考え方を手掛かりに考えること等を通じ、自己の考えを広げ深める「対話的な学び」が実現できているかという視点。

③　習得・活用・探究という学びの過程の中で、各教科等の特質に応じた「見方・考え方」を働かせながら、知識を相互に関連付けてより深く理解したり、情報を精査して考えを形成したり、問題を見いだして解決策を考えたり、思いや考えを基に創造したりすることに向かう「深い学び」が実現できているかという視点。

　また、「主体的・対話的で深い学び」は、必ずしも1単位時間の授業の中で、三つの学びの視点をすべて取り入れて授業を行うことを求めていません。単元や題材など内容や時間のまとまりを見通してこの三つの学びがバランスよく実現できるように授業改善を進めることが重要です。つまり、「主体的・対話的で深い学び」の実現に向けた授業改善とは単元や題材など内容や時間のまとまりをよく考え、年間指導計画の中でどのように構成するかというデザインを考えることです。

　また、「主体的・対話的で深い学び」の実現に向けて授業改善を進めるとき、特に「深い学び」の視点に関しては、「見方・考え方」が各教科・科目等の学びの深まりの鍵となります。「見方・考え方」は各教科等の特質に応じた物事を捉える視点や考え方のことです。

　学習の対象となる物事を捉え思考することにより、新しい知識及び技能を既にもっている知識及び技能と結び付けながら社会の中で生きて働くものとして習得したり、思考力、判断力、表現力等を豊かなものとし

たり、社会や世界にどのように関わるかの視座を形成したりするために重要なものであり、習得・活用・探究という学びの過程の中で働かせることを通じて、より質の高い深い学びにつなげることができます（p117）。

第6節 ≫≫ 主体的・対話的で深い学びの実現に向けた授業改善の推進するときの留意事項

　今の子供たちやこれから誕生する子供たちが、成人して社会で活躍する頃には、我が国は厳しい挑戦の時代を迎えていると予想されています。「生産年齢人口の減少」「グローバル化の進展」「絶え間ない技術革新」等により、社会構造や雇用環境は大きく、また急速に変化しており、予測が困難な時代となっているであろうといわれています。

　次期学習指導要領答申を踏まえ、高等学校学習指導要領は改訂されました。この改訂では、「育成を目指す資質・能力の明確化」「主体的・対話的で深い学びの実現に向けた授業改善の推進」「各学校におけるカリキュラム・マネジメントの推進」の三つが大きな柱です。そのうちの一つに「主体的・対話的で深い学びの実現に向けた授業改善の推進」があります

　解説総則編では、「子供たちが、学習内容を人生や社会の在り方と結び付けて深く理解し、これからの時代に求められる資質・能力を身に付け、生涯にわたって能動的に学び続けることができるようにするためには、これまでの学校教育の蓄積も生かしながら、学習の質を一層高める授業改善の取組を活性化していくことが必要である（p3）」といっています。

　高等学校の教育というのは、小学校や中学校、そして大学の教育が変わってきても、今まではほとんど変わりませんでした。もしかしたら、今回もやらなくて済むようならばやりたくないというのが本音でしょう

か。高等学校の現場では「大学入試があるのだから、新しい取組をして万一大学合格実績が落ちたら誰が責任を取るのだ…」と校長の発言なのか、保護者の発言なのか、同窓生の発言か、それとも教師の発言なのか、誰が発言したのかわかりません。しかし、誰も発言なくてもそのような雰囲気が漂っているのかもしれません。

解説総則編では「高等学校教育については、大学入学者選抜や資格の在り方等の外部要因によって、その教育の在り方が規定されてしまい、目指すべき教育改革が進めにくいと指摘されてきたところであるが、今回の改訂は、高大接続改革という、高等学校教育を含む初等中等教育改革と、大学教育の改革、そして両者をつなぐ大学入学者選抜改革という一体的な改革や、更に、キャリア教育の視点で学校と社会の接続を目指す中で実施されるものである。改めて、高等学校学習指導要領の定めるところに従い、各高等学校において生徒が卒業までに身に付けるべきものとされる資質・能力を育成していくために、どのようにしてこれまでの授業の在り方を改善していくべきかを、各学校や教師が考える必要がある（p3）」といっています。

解説総則編では、教師が授業改善の取組を行うときに留意すべき事項を挙げています。

① 授業の方法や技術の改善のみを意図するものではなく、生徒に目指す資質・能力を育むために「主体的な学び」、「対話的な学び」、「深い学び」の視点で、授業改善を進めるものであること。

② 各教科等において通常行われている学習活動（言語活動、観察・実験、問題解決的な学習など）の質を向上させることを主眼とするものであること。

③ 1回1回の授業で全ての学びが実現されるものではなく、単元や題材など内容や時間のまとまりの中で、学習を見通し振り返る場面をどこに設定するか、グループなどで対話する場面をどこに設定するか、生徒が考える場面と教師が教える場面とをどのように組み立てるかを

考え、実現を図っていくものであること。

④　深い学びの鍵として「見方・考え方」を働かせることが重要になること。各教科等の「見方・考え方」は、「どのような視点で物事を捉え、どのような考え方で思考していくのか」というその教科等ならではの物事を捉える視点や考え方である。各教科等を学ぶ本質的な意義の中核をなすものであり、教科等の学習と社会をつなぐものであることから、生徒が学習や人生において「見方・考え方」を自在に働かせることができるようにすることにこそ、教師の専門性が発揮されることが求められること。

⑤　基礎的・基本的な知識及び技能の習得に課題がある場合には、それを身に付けさせるために、生徒の学びを深めたり主体性を引き出したりといった工夫を重ねながら、確実な習得を図ることを重視すること。

　このように①〜⑤の留意事項が挙げられていますが、まずは生徒が育成を目指す資質・能力を身に付けられるような授業改善のための取組を考えることです。少なくとも生徒が受け身で授業を受け、教師が知識を一方向で伝達・注入するのみの講義型の授業形態ではそれらの資質・能力を身に付けることはできません。また、どのくらい資質・能力を生徒が身に付けることができたのかを直接評価することもできません。

　また知識・技能を習得するときには、グループワーク型よりも一方向的な講義型の授業の方が、効率が良いこともあります。学習指導要領でも1単位時間の授業の中で、三つの学びの視点をすべて取り入れる授業を求めているわけではありません。ただし、三つの学びの視点をバランスよく、計画的にこの視点を取り入れる授業デザインは必要でしょう。

　さらに今回の学習指導要領の改訂の特徴として、各教科等の特質に応じた物事を捉える視点や考え方である「見方・考え方」が、各教科・科目等の「深い学びの過程」を実現するときの鍵となっています（p3-4）。

第6章

総合的な探究の時間

第1節»» 総合的な探究の時間と総合的な学習の時間の目標の違い

　高等学校では、2022年から改訂された学習指導要領が段階的に実施されます。特に改訂された学習指導要領のキーワードは「探究」です。総合的な学習の時間は今回の改訂で総合的な探究の時間に名称が変わり目標も変わりました。文部科学省が2018年7月に公表した高等学校学習指導要領解説総合的な探究の時間編（以下、「総合的な探究の時間編」）によると、「総合的な学習の時間と総合的な探究の時間には共通性と連続性があるとともに、一部異なる特質があることを意味している（p8）」「両者の違いは、生徒の発達の段階において求められる探究の姿と関わっており、課題と自分自身との関係で考えることができる。総合的な学習の時間は、課題を解決することで自己の生き方を考えていく学びであるのに対して、総合的な探究の時間は、自己の在り方生き方と一体的で不可分な課題を自ら発見し、解決していくような学びを展開していく（p8）」とあります。それぞれの第1の目標を以下に示しますが、文章の量もさることながら大きく異なっている部分も見られます。

従前の総合的な学習の時間の目標

　横断的・総合的な学習や探究的な学習を通して、自ら課題を見付け、自ら学び、自ら考え、主体的に判断し、よりよく問題を解決する資質や能力を育成するとともに、学び方やものの考え方を身に付

け、問題の解決や探究活動に主体的、創造的、協同的に取り組む態度を育て、自己の在り方生き方を考えることができるようにする。

総合的な探究の時間の目標

探究の見方・考え方を働かせ、横断的・総合的な学習を行うことを通して、自己の在り方生き方を考えながら、よりよく課題を発見し解決していくための資質・能力を次のとおり育成することを目指す。
(1) 探究の過程において、課題の発見と解決に必要な知識及び技能を身に付け、課題に関わる概念を形成し、探究の意義や価値を理解するようにする。　　　　　　　　　　　　　＜知識・技能＞
(2) 実社会や実生活と自己との関わりから問いを見いだし、自分で課題を立て、情報を集め、整理・分析して、まとめ・表現することができるようにする。　　＜思考力・判断力・表現力等＞
(3) 探究に主体的・協働的に取り組むとともに、互いのよさを生かしながら、新たな価値を創造し、よりよい社会を実現しようとする態度を養う。　　　　　　　　＜学びに向かう力、人間性等＞

　異なる部分のひとつは、総合的な探究の時間の目標では育成することを目指す資質・能力を「知識・技能」「思考力・判断力・表現力等」「学びに向かう力、人間性等」の三つの柱で整理されていることです。ただこの整理の仕方は高等学校学習指導要領（2018）においては、総合的な探究の時間以外でも教科・科目や特別活動等においても同様に明示されています。もうひとつは、総合的な探究の時間は総合的な学習の時間に比べて探究について質の高さを求めていることです。解説総合的探究の時間編によると「一つは、探究の過程が高度化するということである。高度化とは、①探究において目的と解決の方法に矛盾がない（整合性）、②探究において適切に資質・能力を活用している（効果性）、③焦点化し

深く掘り下げて探究している（鋭角性）、④幅広い可能性を視野に入れながら探究している（広角性）などの姿で捉えることができる。もう一つは、探究が自律的に行われるということである。具体的には、①自分にとって関わりが深い課題になる（自己課題）、②探究の過程を見通しつつ、自分の力で進められる（運用）、③得られた知見を生かして社会に参画しようとする（社会参画）などの姿で捉えることができる（p9）」

　総合的な探究の時間では、従前の総合的な学習の時以上に、生徒が能動的に行うことや課題を発見しそれを解決までの探究の過程を経ることで、その過程を生徒自身で身に付けることが重視されています。

第2節》》》総合的な探究の時間と他教科・科目

　今回の学習指導要領の改訂では、総合的な学習の時間の名称が総合的な探究の時間に変更されただけではなく、古典探究や地理探究、日本史探究、世界史探究、理数探究基礎及び理数探究の科目が新設されました。探究を付した科目は、当該の教科・科目における理解をより深めるために、探究を重視する方向で見直しが図られたと考えられます。また、それらの探究は、当該科目の領域範囲の中で生じる鋭角的な質の探究を想定しているものです。なお、理数探究では、数学的な見方・考え方や理科の見方・考え方を組み合わせるなどして見方・考え方を働かせた探究を想定しています。そして、探求の過程を通して資質能力の育成を目指しています。

　教師は、総合的な探究の時間の探究とこれらの科目において行われる探究とは違いがあることを理解しておく必要があります。それにより、総合的な探究の時間における探究がどのようにあるべきかを知ることができます。

　解説総合的な探究の時間編によると、具体的に、総合的な探究の時間

で行われる探究について、基本的に以下の三つの点において他教科・科目で行われる探究とは異なっているとあります

①この時間の学習の対象や領域は、特定の教科・科目等に留まらず、教科・科目等が横断的・総合的な点です。総合的な探究の時間は、実社会や実生活における複雑な文脈の中に存在する事象を対象としています。

②複数の教科・科目等における見方・考え方を総合的・統合的に働かせて探究するという点です。他の探究が、他教科・科目における理解をより深めることを目的に行われていることに対し、総合的な探究の時間では、実社会や実生活における複雑な文脈の中に存在する問題を様々な角度から俯瞰して捉え、考えていきます。

③この時間における学習活動が、解決の道筋がすぐには明らかにならない課題や、唯一の正解が存在しない課題に対して、最適解や納得解を見いだすことを重視しているという点です（p10）。

実社会や実生活における課題を探究する総合的な探究の時間と、教科の系統の中で行われる探究の両方を教育課程上にしっかりと位置付かせ、それぞれを充実させることが豊かな教育課程の実現につながります。

また、解説総合的な探究の時間編によると、総合的な探究の時間と他教科等で育成を目指す資質・能力との関連を重視するとは、各教科・科目等の目標に示されている、育成を目指す資質・能力の三つの柱ごとに関連を考えることです（p28）。すなわち、「知識及び技能」「思考力、判断力、表現力等」「学びに向かう力、人間性等」のそれぞれにおいて資質・能力の関連を考えることです。その際には、各学校で定める目標及び内容が、他教科等における目標及び内容とどのような関係にあるかを意識しておくことがポイントになります。

総合的な探究の時間は、①教科・科目等を越えた全ての学習の基盤となる資質・能力を育むことができる、②各教科・科目等で身に付けた資質・能力を相互に関連付け、学習や生活に生かし、それらが総合的に働

くようにすることができる。このような形で各教科・科目等の学習と総合的な探究の時間の学習が往還することを意識し、例えば、各教科共通で特に重視したい態度などを総合的な探究の時間の目標において示したり、各教科・科目等で育成する「知識及び技能」や「思考力、判断力、表現力等」が総合的に働くような内容を総合的な探究の時間において設定したりすることなどが考えられます。

「総合的な探究の時間で育成を目指す資質・能力」と「他教科等で育成を目指す資質・能力」との共通点や相違点を明らかにして目標及び内容を定めることは、教育課程全体において各教科・科目等がそれぞれに役割を十分に果たし、教育課程が全体として適切に機能することに大きく寄与すると考えられます。そのためにも、当該校において総合的な探究の時間の目標及び内容を設定する際には、他教科等の資質・能力との関連を重視することが大切になってきます。

なお、各教科・科目等とは、各教科・科目、総合的な探究の時間、特別活動のことを指します。今回、各教科・科目等について総合的な探究の時間を含めた場合と含めない場合があります

第3節 >>> 探究の見方・考え方

総合的な探究の時間における学習では、問題解決的な学習が発展的に繰り返されていきます。これを探究と呼びます。「探究の見方・考え方を働かせる」ということが、探究の目標の冒頭に位置していますが、これは探究の過程が総合的な探究の時間の本質と捉え、中心に据えることを意味しています。なお、小中学校における総合的な学習の時間では、「探究的な見方・考え方を働かせる」ですが、総合的な探究の時間では「探究の見方・考え方を働かせる」としています。

探究の過程について、生徒は、①日常生活や社会に目を向けた時に湧

き上がってくる疑問や関心に基づいて、自ら課題を見付ける、②そこに
ある具体的な問題について情報を収集する、③その情報を整理・分析し
たり、知識や技能に結び付けたり、考えを出し合ったりしながら問題の
解決に取り組む、④明らかになった考えや意見などをまとめ・表現し、
そこからまた新たな課題を見付け、更なる問題の解決を始める。①〜④
の学習活動を発展的に繰り返していきます。

　探究とは、物事の本質を自己との関わりで探り見極めようとする一連
の知的営みのことです。この①②③④の過程を固定的に捉える必要はあ
りません。なぜなら、物事の本質を探って見極めようとするとき、活動
の順序が入れ替わったり、ある活動が重点的に行われたりすることは、
当然起こり得ることだからです。

　この探究のプロセスを支えるのが探究の見方・考え方です。探究の見
方・考え方には、二つの要素が含まれます。

　ひとつは、各教科・科目等における見方・考え方を総合的・統合的に
働かせるということです。総合的な探究の時間における学習では、各教
科・科目等の特質に応じた見方・考え方を、探究の過程において、適宜
必要に応じて総合的・統合的に活用します。解説総合的な探究の時間編
には、例えば、実社会・実生活の中の課題の探究において、言葉による
見方・考え方を働かせること（対象と言葉、言葉と言葉との関係を、言葉の
意味、働き、使い方等に着目して捉えたり問い直したりして、言葉への自覚を高
めること）や、数学的な見方・考え方を働かせること（事象を、数量や図
形及びそれらの関係などに着目して捉え、論理的、統合的・発展的に考えるこ
と）や、理科の見方・考え方を働かせること（自然の事物・現象を、質的・
量的な関係や時間的・空間的な関係などの科学的な視点で捉え、比較したり、関
係付けたりするなどの科学的に探究する方法を用いて考えること）などの各教
科・科目等の特質に応じた物事を捉える視点や考え方が、課題に応じて
適宜組み合わされながら、繰り返し活用されることが考えられます。実
社会・実生活における問題は、そもそもどの教科・科目等特質に応じた

視点や捉え方で考えればよいか決まっていません。生徒自身が自覚的に扱う対象や解決しようとする方向性などに応じて、活用できるようになることが大事です。

ふたつは、総合的な探究の時間に固有な見方・考え方を働かせることです。それは、特定の教科・科目等の視点だけで捉えきれない広範かつ複雑な事象を多様な角度から俯瞰して捉えることであり、また、実社会や実生活の複雑な文脈や自己の在り方生き方と関連付けて問い続けるという、総合的な探究の時間に特有の物事を捉える視点や考え方です。

探究における課題は、一つの決まった正しい答えがあるわけではなく、各教科・科目等で学んだ見方・考え方を総合的・統合的に活用しながら、様々な角度から捉え、考えることができるものであることが求められます。そして、課題の解決により、自己の在り方生き方を考えながら、また新たな課題を見付け、よりよく解決していくことを繰り返していくことになります。

このように、各教科・科目等における見方・考え方を、総合的・統合的に活用して、広範で複雑な事象を多様な角度から俯瞰して捉え、実社会・実生活の課題を探究し、自己の在り方生き方を問い続けるという総合的な探究の時間の特質に応じた見方・考え方を、探究の見方・考え方と呼びます。それは総合的な探究の時間の中で、生徒が探究の見方・考え方を働かせながら横断的・総合的な学習に取り組むことで、自己の在り方生き方を考えながら、よりよく課題を発見し解決していくための資質・能力を育成することにつなげることができます。そして、それは学校を卒業し大人になった後でも、実社会や実生活の中で重要な役割を果たしていきます（p12-13）。

第4節 »»» 自己の在り方生き方を考えながら、よりよく課題を発見し解決していく

　総合的な探究の時間の目標では「自己の在り方生き方を考えながら、よりよく課題を発見し解決していく」とあります。ところが、小・中学校の総合的な学習の時間の目標では「課題設定し、解決していくことで自己の生き方を考えていく」となっています。総合的な探究の時間は自己の在り方生き方と一体的で不可分な課題を自ら発見し、解決していくような学びを展開していくところが、総合的な学習の時間と異なります。

　＜自己の在り方生き方を考えること＞については、解説総合的な探究の時間編より、次の三つの角度から考えることができます。一つ目は、人や社会、自然との関わりにおいて、自らの生活や行動について考えて、社会や自然の一員として、人間として何をすべきか、どのようにすべきかなどを考えることであり、二つ目は、自分にとっての学ぶことの意味や価値を考える。取り組んだ学習活動を通して、自分の考えや意見を深めたり、また、学習の有用感を味わうなどしたりして学ぶことの意味を自覚することです。三つ目は、これら二つを生かしながら、学んだことを現在及び将来の自己の在り方生き方につなげて考えることです。

　総合的な探究の時間において、「自己の在り方生き方を考えながら課題の解決に向かう」ということは、生徒自身が上の三つのことを自覚しながら取り組むことを意味しています。

　＜よりよく課題を発見し解決していく＞とは、解決の道筋がすぐには明らかにならない課題や、唯一の正解が存在しない課題などについても、自らの知識や技能等を総合的に働かせながら、目前の具体的な課題に粘り強く対処し解決しようとすることです。その際には、まずは生徒自身で課題を発見することが重要なります。ちなみに、課題を発見するとは、ひとつは自分と課題との関係を明らかにすること、もうひとつは実社会

や実生活と課題との関係をはっきりさせることであります。こうしたよりよく課題を発見し解決していくための資質・能力は、試行錯誤しながらも新しい未知の課題に対応することが求められる時代において、欠かすことのできない資質・能力になります。

　また、＜よりよく課題を発見し解決していくための資質・能力を育成する＞一方、よりよく課題を発見し解決していくには一定の資質・能力が必要となるという双方向的な関係にあることに留意する必要があります。課題についての一定の知識や、活動を支える一定の技能がなければ、課題の解決には向かいません。解決を方向付ける、「考えるための技法」や情報活用能力、問題発見・解決能力を持ち合わせていなければ、探究のプロセスは進みません。その一方で、探究を進める中で、知識及び技能は増大し、洗練され、精緻化されています。つまり深化していくということです。言語能力や情報活用能力、問題発見・解決能力も、より高度なものになっていきます。つまり、既有の資質・能力を用いて課題の発見や解決に向かい、課題の解決を通して、より高度な資質・能力が育成されます。このような関係性があることを教師が意識しておくことが必要であり、そのことがよりよい課題の発見や解決につながっていきます。つまり、この時間の学習に必要な資質・能力とは何かを見極め、他教科等やそれまでの総合的な探究の時間の学習において、意図的・計画的に育成すると同時に、総合的な探究の時間における探究活動の中でその資質・能力が高まるようにするということです。

　総合的な探究の時間においては、こうした形で自己の在り方生き方を考えながら、よりよく課題を発見し解決していくことが大切です。その際、具体的な活動や事象との関わりをよりどころとし、また身に付けた資質・能力を用いて、よりよく課題を発見し解決していく中で多様な視点から考えることが大切になります（p14-15）。

第5節 ≫≫ 総合的な探究の時間で育む知識・技能

　学習指導要領の総合的な探究の時間の目標には、「(1) 探究の過程において、課題の発見と解決に必要な知識及び技能を身に付け、課題に関わる概念を形成し、探究の意義や価値を理解するようにする」とあります。解説総合的な探究の時間編によると、今までの総合的な学習の時間では実施する内容は、各学校が定めるものであったので、この時間に身に付ける資質・能力としての知識がどのようなものであったかについては具体的に示されていませんでした。しかし今後、総合的な探究の時間の学習を通して生徒が身に付ける知識は質・量ともに大きな意味をもつようになると考えられます。

　探究の見方・考え方を働かせて、各教科・科目等横断的・総合的な学習に取り組むという総合的な探究の時間だからこそ獲得できる知識があります。総合的な探究の時間における探究の過程では、生徒は、教科・科目等の枠組みを超えて、長時間じっくり課題に取り組む中で、様々な事柄を知り、様々な人の考えに出会うことになり、その中で、具体的・個別的な事実だけでなく、それらが複雑に絡み合っている状況についても理解することができるようになります。その知識は、教科書や資料集に整然と整理されているものを取り込んで獲得するものではなく、探究の過程を通して、自分自身で取捨・選択し、整理し、既にもっている知識や体験と結び付けながら、構造化し、身に付けていくものです。こうした過程を経ることにより、獲得された知識は、実社会や実生活における様々な課題の解決に活用することが可能な「生きて働く知識」、すなわち概念が形成されるといわれています。

　総合的な探究の時間では、各教科・科目等で習得した概念を実生活の課題解決に活用することを通して、それらが統合され、より一般化されることにより、汎用的に活用できる概念を形成することができます。

第 6 章 > 総合的な探究の時間　　　97

　技能についても同様です。課題の解決に必要な技能については解説総合的な探究の時間編によると、例えば、インタビューのときには、事前に聞くべきことを場合分けしたり、分析方法を想定したり、して計画する技能、資料を読み取るときには、大事なことを読み取ってまとめたり他の資料と照合したりして吟味する技能などが考えられます。こうした技能は、各教科・科目等の学習を通して、事前にある程度は習得されていることを前提として行われつつ、探究を進める中でより高度な技能が求められるようになります。このような必要感の中で、注意深く体験を積んで、徐々に自らの力でできるようになり身体化されていきます。技能と技能が関連付けられて構造化され、統合的に活用されるようにもなります。

　探究の意義や価値を理解するということは、探究はよいものだというようなことを生徒が観念的に説明できるようになることではありません。総合的な探究の時間だけではなく、様々な場面で生徒自らが探究を自律的に進めるようになることが、その意義や価値を理解したことになります。そのためには、この時間で行う探究が、学習全般や生活と深く関わっていること、学びの本質であることを自覚する必要があります。それによって、自分自身の課題を自分で解決する学びを継続するようになります。

　一方で、身に付けた知識及び技能や思考力、判断力、表現力等が総合的に活用、発揮されることが、探究の意義や価値でもあります。

　学んだことの有用性を実感するためにも、他教科等とこの時間との資質・能力の関連を、生徒自身が見通せるようにする必要があります。そのためにも、学習を進める中で、その関連を明示していくことや、学習においてどのような関連が実現されたのかを振り返り、自覚する機会を設けることが重要です（p15-16）。

第6節 ≫≫≫ 「知識・技能」と「思考力、判断力、表現力等」

　探究の目標には「(2) 実社会や実生活と自己との関わりから問いを見いだし、自分で課題を立て、情報を集め、整理・分析して、まとめ・表現することができるようにする」と「思考力、判断力、表現力等」の資質・能力の育成があります。

　解説総合的な探究の時間編では「思考力、判断力、表現力等」に主に対応するものとしては、実社会や実生活と自己との関わりから問いを見いだし、自分で課題を立て、情報を集め、整理・分析して、まとめ・表現するという、探究の過程において発揮される力が示されています。

　探究の過程が動き始めると、「知識及び技能」を活用して問いや課題を掘り下げていくことが必要になります。具体的には、身に付けた「知識及び技能」の中から、当面する課題の解決に必要なものを選択し、状況に応じて適用したり、複数の「知識及び技能」を組み合わせたりしながら、適切に活用できるようにしていきます。

　教科・科目等横断的な情報活用能力や問題発見・解決能力を構成している個別の「知識及び技能」や、様々な「考えるための技法」についても、同様に行うことで、単にそれらを習得している段階から更に一歩進んで、課題や状況に応じて選択したり、適用したり、組み合わせたりして活用できるようになっていくこと考えられます。そのことを「思考力、判断力、表現力等」の具体と考えることができます。こうしたことを通して、知識や技能は、既知の限られた状況においてのみならず未知の状況においても、課題に応じて、自在に駆使できるものになって行くと考えられます。

　このように、「思考力、判断力、表現力等」は、「知識及び技能」とは別に存在していたり、「知識及び技能」を抜きにして育成したりできる

ものではありません。

　いかなる課題や状況に対しても、「知識及び技能」が自在に駆使できるものとなるよう指導を工夫することが「思考力、判断力、表現力等」の育成の具体となるわけです。そのためにも、情報活用能力や問題発見・解決能力を構成する個別の「知識及び技能」、これまで身に付けてきた「考えるための技法」が自在に活用されるような機会を、総合的な探究の時間や他教科等の中で、意図的・計画的・組織的に設けること等の配慮や工夫が重要になってきます。

　総合的な探究の時間においては、探究の過程を通すというこの時間の趣旨を生かして、課題を解決したいという生徒の必要感を前提に、その解決の過程に適合する「知識及び技能」を教師が指導するという方法は効果的です。そのようにして身に付けた「知識及び技能」は、様々な課題の解決において活用・発揮され、成功、失敗の経験を経ながら、学んだ当初とは異なる状況においても自在に駆使できるようになると考えられています。

　このことが、個別の「知識及び技能」の習得という段階を超えた、「思考力、判断力、表現力等」の育成という段階であるということができます。このような資質・能力については、やり方を教えられてそれを覚えるということだけでは育まれないものです。

　総合的な探究の時間で、実社会や実生活の課題について探究のプロセス（①課題の設定→②情報の収集→③整理・分析→④まとめ・表現）を通す過程において、生徒が実際に考え、判断し、表現することを通すことで「思考力、判断力、表現力等」を身に付けていくことが可能になります（p17-18）。

第7節 »»» 考えるための技法

　高等学校学習指導要領の総合的な探究の時間の内容の取扱いについての配慮事項では、「(4) 探究の過程においては、他者と協働して問題を解決しようとする学習活動や、言語により分析し、まとめたり表現したりするなどの学習活動が行われるようにすること。その際、例えば、比較する、分類する、関連付けるなどの「考えるための技法」が活用されるようにすること。」としています。

　ところで探究の過程の質を高めるために配慮すべき点が三つあります。第一は、他者と協働して課題を解決しようとする学習活動を行うこと。第二は、言語により分析し、まとめたり表現したりする学習活動を行うこと。第三は、これらの学習活動においては、「考えるための技法」が自在に活用されるようにすることです。

　この第三の「考えるための技法」とは、考える際に必要になる情報の処理方法を、例えば「比較する」、「分類する」、「関連付ける」など、技法のように様々な場面で具体的に使えるようにするものです。物事を比較したり分類したりすることや、物事を多面的に捉えたり多角的に考えたりすることは、様々な形で各教科・科目等で育成することを目指す資質・能力やそのための学習の過程に含まれています。様々な学習の過程において、対象を何らかの視点に基づいて分類し、気付きを得たり理解を深めたりするという思考が行われていることについては各教科・科目等、総合的な探究の時間に関係なく共通しています。

　解説総合的な探究の時間編には、「考えるための技法」とは、考える際に必要になる情報の処理方法を、「比較する」「分類する」「関連付ける」のように具体化し、技法として整理したもの、とあります。

　総合的な探究の時間が、各教科・科目等を越えて全ての学習における基盤となる資質・能力を育成することが期待されている中で、こうした

教科・科目等横断的な「考えるための技法」について、探究の過程の中で学び、実際に活用できるようになることは大切なことです。

「考えるための技法」の活用は、自分が普段無意識のうちに立っていた視点を明確な目的意識の下で自覚的に移動するという課題解決の戦略が、同じ事物・現象に対して別な意味の発見を促し、より本質的な理解や洞察を得るという学びになります。この共通性に生徒が気付き、対象や活動の違いを超えて、視点の移動という「考えるための技法」を身に付け、その有効性を感得し、様々な課題解決において適切かつ効果的に活用できるようになることが重要です。

総合的な探究の時間は、他教科等と異なり、どのような「考えるための技法」が課題解決に有効であるのかが、あらかじめ見えていないことが多いものです。他教科等の特質に応じて存在している「考えるための技法」を生徒がより汎用的なものとして身に付け、実社会・実生活の課題解決において課題の特質に応じて「考えるための技法」を自在に活用できるようになるには、総合的な探究の時間において、どのような対象なり場面の、どのような課題解決に、どのような理由で、どのような「考えるための技法」が有効なのかを考え、実際に試してみてうまくいったりいかなかったりする経験を積むことが大切です。そのためには、他教科等で育成を目指す資質・能力を押さえ、そこでの「考えるための技法」との関連を意識して当該校の総合的な探究の時間の目標及び内容の設定を工夫することが重要になってきます。

総合的な探究の時間において、「考えるための技法」を活用することの意義については、大きく三つの点が考えられます。

一つ目は、探究の過程のうち、特に、情報の「整理・分析」の過程における思考力、判断力、表現力等を育てる意義です。情報の整理・分析においては、集まった情報をどのように処理するかという工夫が必要になりますが、「考えるための技法」は、こうした分析や工夫を助けるためのものです。

二つ目は、協働的な学習を充実させる意義です。「考えるための技法」を使って情報を整理、分析したものを黒板や紙などに書くことによって、可視化され生徒間で共有して考えることができるようになります。

　三つ目は、総合的な探究の時間が、各教科・科目等を越えた全ての学習の基盤となる資質・能力を育成すると同時に、各教科・科目等で学んだ資質・能力を実際の問題解決に活用するという特質を生かす意義です。「考えるための技法」を意識的に使えるようになることで各教科・科目等と総合的な探究の時間の学習を相互に往還することの意義が明確になります（p95-96）。

第8節 ›› 考えるための技法の例と活用の仕方

　高等学校学習指導要領（2018）の総合的な探究の時間では「考えるための技法」がどのようなものかを具体的に示すことはしていません。したがって、当該校が各教科・科目等において、どのような「思考力、判断力、表現力等」を育成したいかということを踏まえつつ、生徒の実態に応じて「考えるための技法」の活用を図ることが重要なことです。

　解説総合的な探究の時間編には、各教科・科目等の目標や内容の中に含まれている思考・判断・表現に係る「考えるための技法」につながるものを分析し、概ね中学校段階において活用できると考えられるものを例として整理し、示されています。高等学校においては、こうした「考えるための技法」が自在に活用できるものとして身に付くことが期待されています。例えば、複数の対象同士を比較する場合には、一旦共通点のあるもの同士を分類した上で比較することになります。また例えば、最初は共通点が見いだせなかった対象同士については、それぞれを「多面的に見て」複数の特徴を書き出していく中で、関連付けることが可能

になることもあります。

　ここでいう対象は、具体的な物や事象であったり、知識や情報であったり、探究の過程の中で出てくる考えのときもあります。

○ 順序付ける
・ 複数の対象について、ある視点や条件に沿って対象を並び替える。
○ 比較する
・ 複数の対象について、ある視点から共通点や相違点を明らかにする。
○ 分類する
・ 複数の対象について、ある視点から共通点のあるもの同士をまとめる。
○ 関連付ける
・ 複数の対象がどのような関係にあるかを見付ける。
・ ある対象に関係するものを見付けて増やしていく。
○ 多面的に見る・多角的に見る
・ 対象のもつ複数の性質に着目したり、対象を異なる複数の角度から捉えたりする。
○ 理由付ける（原因や根拠を見付ける）
・ 対象の理由や原因、根拠を見付けたり予想したりする。
○ 見通す（結果を予想する）
・ 見通しを立てる。物事の結果を予想する。
○ 具体化する（個別化する、分解する）
・ 対象に関する上位概念・規則に当てはまる具体例を挙げたり、対象を構成する下位概念や要素に分けたりする。
○ 抽象化する（一般化する、統合する）
・ 対象に関する上位概念や法則を挙げたり、複数の対象を一つにまとめたりする。
○ 構造化する
・ 考えを構造的（網構造・層構造など）に整理する。

これらの「考えるための技法」により思考が深まる中で、生徒は、例えば複数の軸で順序付け、比較、分類ができるようになったり、より多様な関連や様々な性質に着目できるようになったり、対象がもつ本質的な共通点や固有の性質に気付いたりできるようになるなど、「考えるための技法」を用いて効果的に思考することができるようになっていくと考えられます。

特に、比較したり分類したりする際に、どのような性質等に着目するかという、視点の設定ができるようになることが一つのポイントと考えられます。

このように、どのような視点に着目して比較したり分類したりするかを生徒が自在に考えることができるようになるということは、総合的な探究の時間が、各教科・科目等の見方・考え方を総合的・統合的に活用するものであることと深く関わっているといえます。

これらの「考えるための技法」を意識的に使えるようにするためには、生徒の習熟の状況等を踏まえながら、教師が声掛けをしたり、紙などに書いて可視化したりするような活動を取り入れることが有効です。このように「考えるための技法」を紙の上などで可視化することで、いわば道具のように意図的に使えるようになります。生徒の思考を助けるためにあらかじめワークシートの形で用意しておくことも考えられます。

「考えるための技法」を可視化して使うことには次のような意義があると考えられます。

一つには、教科・科目等を越えて、生徒の思考を助けることです。抽象的な情報を扱うことが苦手な生徒にとっては、それを書き出すことで思考がしやすくなります。

二つには、協働的な学習、対話的な学習がしやすくなるということです。紙などで可視化することにより、複数の生徒で情報の整理、分析を協働して行いやすくなります。

三つには、学習の振り返りや指導の改善に活用できるということです。

一人一人の生徒の思考の過程を可視化することにより、その場で教師が助言したり、生徒自身が単元の終わりに探究の過程を振り返ったりすることに活用できます。

なお、こうしたツールを活用すること自体が目的化しないようにするということも重要なことです。

「考えるための技法」を使うことを生徒に促すことは、学習の援助になる一方で、授業が書く作業に終始してしまったり、生徒の自由な発想を妨げるものになってしまったりすることもあります。活用の目的を意識しなければ、かえってねらいを達成できないことも考えられます。学習の過程において、どのような意図で、どのように使用するかを計画的に考える必要があります。

「考えるための技法」を用いて思考を可視化するということは、言語活動の一つの形態であり、言語活動の様々な工夫とあわせて効果的に活用することができます（p96-98）。

第9節》》》学習の過程を探究の過程へ

総合的な探究の時間の目標には「よりよく課題を発見し解決していくための資質・能力を次のとおり育成することを目指す。(1) 探究の過程において、課題の発見と解決に必要な知識及び技能を身に付け、課題に関わる概念を形成し、探究の意義や価値を理解するようにする。(2) 実社会や実生活と自己との関わりから問いを見いだし、自分で課題を立て、情報を集め、整理・分析して、まとめ・表現することができるようにする。(3) 探究に主体的・協働的に取り組むとともに、互いのよさを生かしながら、新たな価値を創造し、よりよい社会を実現しようとする態度を養う。」とあります。

解説総合的な探究の時間編によると、総合的な探究の時間で指導する

ときの具体的な学習指導のポイントのうちのひとつに、探究の過程のイメージを明らかにして「学習過程を探究の過程にする」とあります。

　学習過程が探究の過程となるためには、生徒が以下のような行動をとれるようになることです。

① 【課題の設定】体験活動などを通して、課題を設定し課題意識をもつ
② 【情報の収集】必要な情報を取り出したり収集したりする
③ 【整理・分析】収集した情報を、整理したり分析したりして思考する
④ 【まとめ・表現】気付きや発見、自分の考えなどをまとめ、判断し、表現する

　探究の過程については、いつも①〜④が順序よく繰り返されるわけではなく、順番が前後することもありますし、一つの活動の中に複数のプロセスが一体化して同時に行われる場合もあります。

　教師が探究の過程のおよその流れのイメージをもつことで、探究を具現するために必要な教師の指導力を発揮することにつながります。また、この探究の過程は何度も繰り返されることにより質の高い学習過程にすることができます。

　例えば、生徒が地域や社会に目を向け、クリティカルシンキングや気づきなどにより問題を見いだし、そこからあるテーマについての課題を設定したとします（①課題の設定）。その課題をもとに、今ある自分の知識や経験から話合い、それをしていくうちに、そもそもなぜ、そうなるのか知りたくなります。そこで実際にインタビューすることで調べてみます（②情報の収集）。収集した情報を整理・分析していく中で、複数の要因が複雑に絡み合っている現状に起因することに気付きます（③整理・分析）。次に生徒は考えられる要因から焦点を絞り、より一層詳しく調査活動を行い、活性化に向けた新たな考えを持ちます（②情報の収集）。そして友達と討論しながら、もう一度設定した課題の解決に向けた話合いを行います（④まとめ・表現）。生徒は話合いから、新たな課題を立てて、更なる課題の解決を始めます。

①〜④の探究活動は、単元において何度となく繰り返して行われます。その中では、中心的な課題の解決に向けて、複数の下位の課題が生成し、それぞれの解決に向けた探究活動が行われます。各課題の解決を通して、学習は質的に高まりを見せながら、はじめに設定した課題の解決へと向かっていきます（p123-124）。

第10節 » 探究の過程①：課題の設定

総合的な探究の時間では、生徒が実社会や実生活と自己との関わりから、自ら課題意識をもち、その意識が連続発展することが欠かせません。しかし、生徒が自ら課題をもつことが大切だからといって、教師は何も

図-4　探究の学習過程

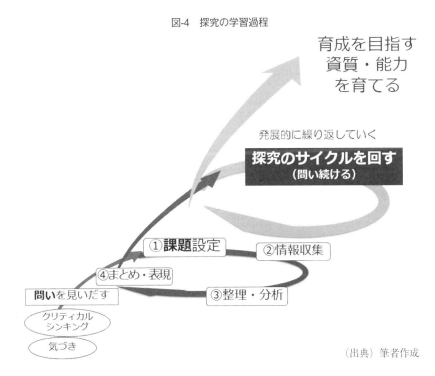

（出典）筆者作成

しないでじっと待つのではなく、意図的な働きかけをすることが重要です。現実問題として、多くの場合教師からの意図的な働きかけがなければ生徒だけでうまく課題の設定をすることは難しいです。

　解説総合的な探究の時間編によると、人、社会、自然に直接関わる体験活動においても、学習対象との関わり方や出会わせ方などを教師が工夫する必要があり、その際、事前に生徒の発達や興味・関心を適切に把握し、これまでの生徒の考えとの「ずれ」や「隔たり」を感じさせたり、対象への「あこがれ」や「可能性」を感じさせたりする工夫をしなくてはなりません。

　生徒は、対象やそこに存在する問題状況に直接出会うとき、現実の状況と自ら抱く理想の姿との対比などから問いを見出し、その状況を改善するための課題意識を高めることが多いです。例えば、図や写真、グラフや表などの様々な資料から、現代社会に起きている様々な問題状況をつかみ、そのことと日常生活や社会との関わりを明確にすることで、生徒は解決すべき身に迫った課題として設定することもあります。様々な資料との出会いから、自分との関わりから問いを見いだし、自分で課題を設定するからこそ、その取組は真剣なものになります。したがって、生徒がどれだけ切実な必要感のある課題を設定することができるかが重要になってきます。

　このようなこともあるために、それぞれの生徒の課題の設定には十分な時間をかけることも必要です。それによって、一人一人の生徒にとって価値のある「適切な課題」として設定されていくことになるからです。ちなみに、ここでいう「適切な課題」とは、その課題を解決することの意味や価値を自覚できる課題のことであり、どのようなことを調べ、どのようなことを行うかなど、学習活動の展開が具体的に見通せる課題のことを指します。「適切な課題」が設定できるように、十分な時間を用いて課題を検討し合うことが大切です。そのように十分な吟味がなされていく過程で、その課題が現実的に解決可能なのか、どのような方法に

より解決することができるのか、解決する価値はあるのか、などが繰り返し検証されることになります。

　課題の設定については、高等学校学習指導要領（2018）第4章総合的な探究の時間の第3の2の（2）にあるように「課題の設定においては、生徒が自分で課題を発見する過程を重視すること」を踏まえる必要があります。教師が複数の課題をあらかじめ用意し、その中から生徒が選択をするというやり方は学習指導要領内容の取扱いの内容とは異なっているといえます。

　まとめ・表現の際の気づきや発見からも課題の設定をすることができるので、はじめに設定した課題がやや不十分であっても、その課題でまずは探究の過程をスタートさせ、実施してみることもやり方のうちの一つでしょう（p124-125）。

第11節 »»» 探究の過程②：情報の収集

　課題意識や設定した課題を基に、生徒は、観察、実験、見学、調査、探索、追体験などを行います。こうした学習活動によって、生徒は課題の解決に必要な情報を収集します。情報を収集する活動は、そのことを生徒が自覚的に行っている場合と無自覚的に行っている場合とがあります。例えば、目的を明確にして調査したりインタビューしたりするような活動や、条件を制御して行う実験などでは、自覚的に情報を収集していることになります。一方、体験活動に没頭したり、体験活動を繰り返したりしている時には、無自覚のうちに情報を収集していることが多いでしょう。そうした自覚的な場と無自覚的な場とは常に混在しているものの、探究の学習過程においては、生徒が自覚的に情報を収集する学習活動が意図的に展開されることが望ましいです。

　解説総合的な探究の時間編には、こうした場面では、幾つかの配慮す

べき事項があります。

　①収集する情報は多様であり、それは学習活動によって変わるということです。例えば、調査したり、実験をしたりすれば数値化した情報を収集することができます。インターネットや文献で調べたり、インタビューをしたりすれば言語化した情報も手に入れることができます。実際に体験談を聞けば「便利になったのだ」「もったいないことをしているな」といった主観的で感覚的な情報が得られます。どのような学習活動を行うかによって収集する情報の種類が違うということであり、その点を十分に意識した学習活動が行われることが求められます。特に、総合的な探究の時間では、体験を通した主観的で感覚的な情報だけでなく、数値化された客観的な情報などを幅広く多様に収集することが大切であり、そうした情報が生徒の課題の解決や探究活動を質的に高めていきます。

　②課題解決のための情報収集を自覚的に行うことです。具体的な体験活動が何のための学習活動であるのかを自覚して行うことが望ましいです。体験活動自体の目的を明確にし、そこで獲得される情報を意識的に収集し蓄積することが大切です。それによって、どのような情報を収集するのか、どのような方法で収集するのか、どのようにして蓄積するのか、などの準備が整うことになります。

　③収集した情報を適切な方法で蓄積することです。数値化した情報、言語化した情報などは、デジタルデータをはじめ様々な形のデータとして蓄積することが大切です。その情報がその後の探究活動を深める役割を果たすからです。収集した場所や相手、期日などを明示して、ポートフォリオやファイルボックス、コンピュータのフォルダなどに蓄積していきます。その際、個別の蓄積を基本とし、必要に応じてホームルームやグループによる共同の蓄積方法を用意することが考えられます。一方、適切な方法で蓄積することが難しいのは感覚的な情報です。体験活動を行ったときの感覚、そのときの思いなどは、時間の経過とともに薄れて

第6章 > 総合的な探究の時間　　111

いき、忘れ去られます。しかし、そうした情報は貴重なものであり、その後の課題解決に生かしたい情報でもあります。したがって、体験活動を適切に位置付けて行うだけではなく、体験で獲得した情報を作文やカードなどで言語化して、対象として扱える形で蓄積することにも配慮が必要です。

　また、こうした情報の収集場面では、各教科・科目等で身に付けた知識や技能を発揮することで、より多くの情報、より確かな情報が収集できます。

　なお、情報の収集に際しては、必要に応じて教師が意図的に資料等を提示することも考えられます（p125-126）。

第12節 ⟫⟫ 探究の過程③：整理・分析

　情報の収集の学習活動によって収集した多様な情報を、整理したり分析したりして、思考する活動へと高めていきます。収集した情報は、それ自体はつながりのない個別なものですが、それらを、種類ごとに分けるなどして整理したり、細分化し因果関係を導き出したりして分析します。そのことがまさに思考することであり、そうした学習活動を位置付け行うことが重要です。

　このような学習活動を通して、生徒は収集した情報を比較したり、分類したり、関連付けたりして情報内の整理を行います。このことが情報を活用した活発な思考の場面であり、こうした学習活動を適切に位置付けることが重要です。

　解説総合的な探究の時間編には、こうした場面で、どのように配慮すべきかを示しています。

　①どのような情報が、どの程度収集されているかを把握することです。数値化した情報と言語化した情報とでは扱い方が違ってきます。また、

学習対象として扱う情報の分量によっても学習活動は変わってきます。

　②どのような方法で情報の整理や分析を行うのかを決定することです。数値化された情報であれば、統計的な手法でグラフにすることが考えられます。グラフの中にも、折れ線グラフ、棒グラフ、円グラフ、ヒストグラムなど様々な方法が考えられます。また、標本調査の考え方を利用して母集団の傾向を探ったり、表計算ソフトを使って情報を処理したりすることも考えられます。言語化された情報であれば、カードにして整理する方法、出来事を時間軸で並べる方法、調査した結果をマップなどの空間軸に整理する方法など、あるいは、複数の整理された情報を関連付けることなども考えられます。情報に応じて適切な整理や分析の方法が考えられるとともに、その学習活動によって、どのように考えさせたいのかが問われます。

　ここでは、情報を整理・分析するということを意識的に行うために、比較して考える、分類して考える、序列化して考える、類推して考える、関連付けして考える、原因や結果に着目して考える、などの「考えるための技法」を意識することがポイントになります。何を、どのように考えさせたいのかを意識し、「考えるための技法」を用いた思考を可視化する思考ツールを活用することで、整理・分析場面の学習活動の質を高め、全ての生徒に資質・能力を確かに育成していくことが求められています。

　なお、ここでも、様々な教科・科目での学習成果が活かされています。また、適宜、課題の解決や探究活動の過程を振り返り、自分の取組と設定した課題との整合性を点検することも忘れてはいけない事項になります（p126-127）。

第6章 > 総合的な探究の時間　　113

第13節 »»» 探究の過程④：まとめ・表現

　情報の整理・分析を行った後、それを他者に伝えたり、自分自身の考えとしてまとめたりする学習活動を行います。そうすることで、それぞれの生徒の既存の経験や知識と、学習活動により整理・分析された情報とがつながり、一人一人の生徒の考えが明らかになったり、課題がより一層鮮明になったり、新たな課題が生まれたりしてきます。このことが学習として質的に高まっていくことであり、表面的ではない深まりのある探究活動を実現することにつながります。

　「まとめ・表現」は、調査結果を論文やレポート、活動報告書としてまとめ表現したり、ポスター形式でまとめディスカッションしたり、写真やグラフ、図などを使ったプレゼンテーションとして表現したりすることなどが考えられます。このとき、相手を意識して、目的を明確にして伝えたいことを論理的に表現することで、自分の考えは一層確かになっていきます。

　解説総合的な探究の時間編では、こうした場面では、以下のように幾つかの配慮すべき事項を示しています。

① 相手意識や目的意識を明確にしてまとめたり、表現したりすることです。なぜならばだれに伝え、何のためにまとめるのかによって、まとめや表現の手法は変わり、生徒の思考の方向性も変わるからです。

② まとめたり表現したりすることが、情報を再構成し、自分自身の考えや新たな課題を自覚することにつながるということです。

③ 伝えるための具体的な手順や作法を適切に身に付けることです。例えば、論文やレポートなどは、研究テーマのもと、「目的」「方法」「実験や調査の結果」「考察」「参考文献」などの項目を設けて論理的にまとめることです。

④ 目的に応じて選択して使えるようにすることです。例えば、論文や

レポート、活動報告書、ポスター、プレゼンテーションソフトなどの手法を使って、探究活動によって分かったことや考えたことを、ホームルームの友達や保護者、地域の人々などに分かりやすく伝えることです。

ここでは、各教科・科目等で獲得した表現方法を積極的に活用することが考えられます。文章表現はもちろん、図表やグラフ、絵画や音楽を使う、それらを組み合わせていく総合表現なども考えられます。

このように、表現するに当たっては各教科・科目等で身に付けた力が発揮されることが予想できます（p127-128）。

第14節 »» 問いを見出し、自分で課題を立てる

総合的な探究の時間の目標には、「(2) 実社会や実生活と自己との関わりから問いを見いだし、自分で課題を立て、情報を集め、整理・分析して、まとめ・表現することができるようにする。」とあり、また、総合的な学習の時間の目標には、「(2) 実社会や実生活の中から問いを見いだし、自分で課題を立て、情報を集め、整理・分析して、まとめ・表現することができるようにする。」とあります。どちらにも、「問いを見出し、自分で課題を立て・・・」とあります。「問いと課題」について、どのように考えたらよいのでしょうか。ちなみに、問いと問題については同じ意味として捉えてよいでしょう。

教師は、問題解決といってみたり、課題解決といってみたり、生徒に対して、はっきり区別することなく何となく使っている場合が多いような気がします。生徒は両方の区別がつかないまま何となく解決に向けての行動をはじめているのではないでしょうか。

問いと課題の違いを簡単に述べると、問題とは、あるべき理想の姿と現状のギャップのことであり、課題とは、そのギャップを埋めるために

取り組むべきことと考えることができます。例えば、ある会社で2億円の利益を上げるという理想の姿（目標）を描いたとき、現状が1億5000万円の利益しかなかったときには、5000万円が不足しているといえます。つまり、現実には5000万円の不足というギャップがあるわけです。この5000万円のギャップの存在が問題となります。この問題を解決するために、「営業エリアを広げてみる」「訪問する時間帯を変えてみる」など、問題解決に向けての具体的な取組が課題となります。

　中学校と高等学校の学習指導要領を比べてみると総合的な探究の時間の目標では「実社会、実生活、自己との関わりから」、総合的な学習の時間の目標では、「実社会、実生活の中から」、問いを見出し、課題を自分で立てるとあります。また、高等学校学習指導要領の内容の取扱いについての配慮事項（2）では、課題の設定においては、生徒が自分で課題を発見する過程を重視すること、とあり教師が探究するための課題を与えて、それを生徒が調べて、整理・分析し、それを発表して、それで総合的な探究の時間はうまくまわっていると考えるのは間違いであり、内容の取扱いの配慮事項と異なることとなります。

　解説総合的な探究の時間編によると、自分で課題を発見するとは、生徒が自分自身の力で課題を見付け設定することのみならず、設定した課題と自分自身との関係が明らかになること、設定した課題と実社会や実生活との関係がはっきりすることを意味しています。そのためにも、実社会や実生活と自己との関わりから、問いを見いだし、自分で課題を立てることが欠かせません。問いや課題は、既有知識や既有の経験だけからは生まれないこともあります。したがって、実社会や実生活と実際に関わることを大切にしていく必要があります。時間的な推移の中で現在の状況が問題をもっていること、空間的な比較の中で身の回りには問題があること、自己の常識に照らして違和感を伴う問題があること、などを発見し、それが問題意識となり、自己との関わりの中で課題につながっていくとあります。

また、課題の設定において、自分で課題を発見する過程は、生徒にとって重要な学習場面であり、教師にとっても重要な指導の場面になります。したがって、教師には適切な指導を行うことが求められるとともに、課題を設定するための知識や技能を生徒に身に付けさせ、自分自身で探究を進めることができるよう十分な時間をかけて指導することが重要となります（p47-48）。

第15節 >>> 探究の過程を通して思考力・判断力・表現力を養う

　総合的な探究の時間の目標には「(2) 実社会や実生活と自己との関わりから問いを見いだし、自分で課題を立て、情報を集め、整理・分析して、まとめ・表現することができるようにする」と資質・能力の育成について述べています。

　解説総合的な探究の時間編には、主に「思考力、判断力、表現力等」に対応するものとしては、実社会や実生活と自己との関わりから問いを見いだし、自分で課題を立て、情報を集め、整理・分析して、まとめ・表現するという、探究の過程において発揮される力を示しています。

　ここで重要なのが、実社会や実生活と自己との関わりから問いを見いだし、自分で課題を立ててみるという点です。問いや課題は、生徒がもっている知識や経験だけからは生まれないこともあります。そこで、実社会や実生活と実際に関わることの中で、過去と比べて現在に問題があること、他の場所と比べてこの場所には問題があること、自分の常識に照らして違和感を、感じる問題があることなどを発見し、それが問題意識となり、自己との関わりの中で課題につながっていきます。こうして、問いや課題が定まると、探究はスタートします。ちなみに、探究のプロセスが繰り返される中で、はじめに立てた問いや課題そのものが問

第6章 > 総合的な探究の時間　　117

い直され、そのことでその質や精度が高まっていきます。

　総合的な探究の時間は自分で問いを見いだし、課題を立てるところが
ポイントとなります。

　探究の過程が動き始めると、「知識及び技能」を活用して問いや課題
を掘り下げていきます。具体的には、身に付けた「知識及び技能」の中
から、当面する課題の解決に必要なものを選択し、状況に応じて適用し
たり、複数の「知識及び技能」を組み合わせたりして、適切に活用でき
るようになっていくことと考えることができます。なお、教科・科目等
横断的な情報活用能力や問題発見・解決能力を構成している個別の「知
識及び技能」や、各種の「考えるための技法」も、単にそれらを習得し
ている段階から更に一歩進んで、課題や状況に応じて選択したり、適用
したり、組み合わせたりして活用できるようになっていくことが、「思
考力、判断力、表現力等」の具体と考えることができます。こうしたこ
とを通して、知識や技能は、既知の限られた状況においてのみならず、
未知の状況においても課題に応じて自在に駆使できるものとなっていき
ます。

　このように、「思考力、判断力、表現力等」は、「知識及び技能」とは
別に存在していたり、「知識及び技能」を抜きにして育成したりできる
ものではありません。いかなる課題や状況に対しても、「知識及び技
能」が自在に駆使できるものとなるよう指導を工夫することこそが「思
考力、判断力、表現力等」の育成の具体となるわけです。

　そのためにも、情報活用能力や問題発見・解決能力を構成する個別の
「知識及び技能」、これまで身に付けてきた「考えるための技法」が自在
に活用されるような機会を、総合的な探究の時間や他教科等の中で、意
図的・計画的・組織的に設けること等の配慮や工夫が重要になってきま
す。総合的な探究の時間においては、探究の過程を通すというこの時間
の趣旨を生かして、課題を解決したいという生徒の必要感を前提に、そ
の解決の過程に適合する「知識及び技能」を教師が指導するという方法

もあります。

　そのようにして身に付けた「知識及び技能」は、様々な課題の解決において活用・発揮され、うまくいったりうまくいかなかったりする経験を経ながら、学んだ当初とは異なる状況においても自在に駆使できるようになっていきます。このことが、個別の「知識及び技能」の習得という段階を超えた、「思考力、判断力、表現力等」の育成という段階になります。

　一般的に資質・能力は、やり方を教えられて覚えるということだけでは育まれないものです。ですから、実社会や実生活の課題について探究の過程（①課題の設定→②情報の収集→③整理・分析→④まとめ・表現）を通して、生徒が実際に考え、判断し、表現することを通して身に付けていくことが大切になります。

　実社会や実生活には、解決すべき問題が多方面に広がって複雑に絡み合っています。その問題は、複合的な要素が入り組んでいて、答えが一つに定まらず、容易には解決に至らないことが多いです。自分で課題を立てるとは、そうした問題と向き合って、自分で取り組むべき課題を見いだすことです。この課題は、解決を目指して学習するためのものです。

　その意味で課題は、生徒が解決への意欲を高めるとともに、解決への具体的な見通しをもてるものであることが必要です。そのことが主体的に課題を解決することにつながっていきます。

　課題は、問題をよく吟味して生徒が自分でつくり出すことが大切です。例えば、日頃から解決すべきと感じていた問題を改めて見つめ直す、具体的な事象を比較したり、関連付けたりして、そこにある矛盾や理想との隔たりを認識することなどが考えられます。また、地域の人やその道の専門家との交流も有効です。そこで知らなかった事実を発見したり、その人たちの真剣な取組や生き様に共感したりして、自分にとって一層意味や価値のある課題を見いだすことも考えられます。

　課題の解決に向けては、自分で情報を集めることが欠かせません。自

分で、何が解決に役立つかを見通し、足を運んだり、情報手段を意図的・計画的に用いたり、他者とのコミュニケーションを通したりして情報を集めることが重要です。調べていく中で、探究している課題が、社会で解決が求められている切実な問題と重なり合っていることを知り、さらにそれに尽力している人と出会うことにより、問題意識は一層深まる。同一の学習対象でも、個別に追究する生徒の課題が多様であれば、互いの情報を結び合わせて、現実の問題の複雑さや総合性に気付くこともあります。

収集した情報は整理・分析します。整理は、課題の解決にとってその情報が必要かどうかを判断し取捨選択することや、解決の見通しにしたがって情報を順序よく並べたり、書き直したりすることなどを含みます。分析は、整理した情報を基に、比較・分類したりして傾向を読み取ったり、因果関係を見付けたりすることを含みます。複数の情報を組み合わせて、新しい関係性を創り出すことも重要なことです。

整理・分析された情報からは、自分自身の意見や考えをまとめて、それを表現します。他者との相互交流や表現による振り返りを通して、課題が更新されたり、新たに調べることを見いだしたりして、自分の意見や考えを明確にすることができます。

①課題の設定、②情報の収集、③整理・分析、④まとめ・表現、それぞれの探究の過程で発揮される資質・能力を育成することが期待されています。そして、探究の過程が何度も繰り返される中で、それらは確実に育っていくものと考えることができます（p17-18）。

第16節 »» 探究を通して主体的・協働的な 態度を養う

総合的な探究の時間の目標には「(3) 探究に主体的・協働的に取り組

むとともに、互いのよさを生かしながら、新たな価値を創造し、よりよい社会を実現しようとする態度を養う」と資質・能力の育成について述べています。

　解説総合的な探究の時間編（2018）には、探究においては、生徒が、身近な人々や社会、自然に興味・関心をもち、それらに意欲的に関わろうとする主体的、協働的な態度が不可欠であり、「学びに向かう力、人間性等」の中で重要な資質・能力としてます。探究に主体的に取り組むというのは、自らが設定した課題の解決に向けて真剣に本気になって学習活動に取り組むことです。具体的には、どのように情報を集め、どのように整理・分析し、どのようにまとめ・表現を行っていくのかを考えて計画し、実際に社会と関わり、行動していく姿として表れるものと考えられます。

　課題の解決においては、主体的に取り組むこと、そして協働的に取り組むことが重要であり、そのことがよりよい課題の解決につながるからです。

　総合的な探究の時間で育成することを目指す資質・能力は、＜自己の在り方生き方を考えながら、よりよく課題を発見し解決していくための資質・能力＞であり、自己の在り方生き方と一体的で不可分な課題を自ら発見し、よりよい解決に向けて主体的に取り組むことが重要です。

　他方、複雑な現代社会においては、いかなる問題についても、一人だけの力で何かを成し遂げることは困難です。これが協働的に探究を進めることが求められる理由です。他の生徒と協働的に取り組むことで、学習活動が発展したり課題への意識が高まったりします。異なる見方があることにより解決への糸口もつかみやすくなることもあります。この協働は、単に協力して事に当たるという意味ではなく、それぞれのよさを生かしながら個人ではつくりだすことができない価値を生み出すことを意味しています。解説総合的な探究の時間編では探究においては、このような、他者と協働的に取り組み、異なる意見を生かして新たな知を創

第6章 > 総合的な探究の時間　　121

造しようとする態度が欠かせないとしています。探究に主体的・協働的
に取り組む中で、互いの資質・能力を認め合い、相互に生かし合う関係
が生まれることが期待されています。

　また、高校生の探究が、実際に社会を変える力となることも多いです。
探究を通して、生徒は自分なりの世界観や価値観を築いていくとともに、
地域の人々との協働によって、実際に地域社会を変えていくこともでき
ます。それにより、よりよい社会を実現することに向けて経験を深めて
いくことができます。このように、総合的な探究の時間を通して、自ら
社会に関わり参画しようとする意志、社会を創造する主体としての自覚
が、一人一人の生徒の中に徐々に育成されることも期待できます。探究
では、実社会や実生活の課題を探究しながら、自己の在り方生き方を問
い続ける姿が一人一人の生徒に涵養されることが求められています。

　この「学びに向かう力、人間性等」は、よりよい生活や社会の創造に
向けて、自他を尊重すること、自ら取り組んだり異なる他者と力を合わ
せたりすること、社会に寄与し貢献することなどの適正かつ好ましい態
度として「知識及び技能」や「思考力、判断力、表現力等」を活用・発
揮しようとすることと考えることができます。これら育成を目指す資
質・能力の三つの柱は、個別に育成されるものではなく、探究の過程に
おいて、よりよい課題の解決に取り組む中で、相互に関わり合いながら
高められていくものとして捉えておく必要があります（p19-20）。

第17節 »»» 校長のリーダーシップ

　学校教育法第37条第4項に、「校長は校務をつかさどり、所属職員を
監督する」とありますが、学校においては校長しかできないことはたく
さんあります。特に高等学校の校長は自らの判断でできることが多い反
面、責任もそれだけ重いといえます。

解説総合的な探究の時間編には、「各学校においては、育成を目指す資質・能力を明らかにし、教科・科目等横断的な視点をもって教育課程の編成と実施を行うとともに、地域の人的・物的資源を活用するなどして実社会・実生活と生徒が関わることを通じ、変化の激しい社会を生きるために必要な資質・能力を育むことが求められている。校長は、資質・能力の育成に向けて、生徒が実社会・実生活と接点をもちつつ、多様な人々とつながりをもちながら学ぶことのできる教育課程の編成と実施を行わなければならない（p140）」「校長は、各学校において総合的な探究の時間の目標及び内容、学習活動等について決定していかなければならないことから、その教育的意義や教育課程における位置付けなどを踏まえながら、自分の学校のビジョンを全教職員に説明するとともに、その実践意欲を高め、実施に向けて校内組織を整えていかなければならない。そして、全教職員が互いに連携を密にして、総合的な探究の時間の全体計画及び年間指導計画等を作成し、実施していく必要がある（p140）」とあります。校長がやるべきことが具体的に示されていますが、今までの学習指導要領の解説においてこれだけ校長がやるべきことを詳しく示してあるものを見たことがありません。それだけ、総合的な探究の時間については実施するにあたり課題が多いということです。すべての教職員がそれをしっかり理解するとともに、教職員がやるべきことを共有化しないとできないということを示しています。

　まずは校長が、学校のビジョンや育成を目指す資質・能力を明確にし、それを総合的な探究の時間でどのような内容や方法を使って育成するかを教職員に説明しなければなりません。総合的な探究の時間の実践上の悩みや課題について、気軽に相談し合ったり互いに知恵を出し合ったりできる体制づくりや雰囲気づくり、あるいは総合的な探究の時間を推進している教師に対しての支援ができるのは校長しかいません。さらに、総合的な探究の時間を実施するときには校外の様々な人や施設、団体等からの支援が欠かせません。また、生徒の保護者の理解と協力が必要に

なることはたくさんあります。

　「社会に開かれた教育課程」の理念の下、校長はリーダーシップを発揮し、自分の学校の総合的な探究の時間の目標や内容、実施状況について発表する場と機会を定期的に設けたり、学校だよりやホームページ等により積極的に外部に情報発信したりするなどして、広く理解と協力を求めることが大切です。

　中学生を高校生のポスター発表会や口頭発表会に招待するような機会を設定したりするなどの方策が考えられます。それにより、高校生の学びへの関心を高め、学ぶことの意義を明確にするとともに、社会貢献への意識を喚起することにもつながります。さらに地元の大学や企業との連携によって、生徒の学習を質的に高めることも有効であると考えられます（p140-141）。

第18節 》》》 校内推進体制の整備

　それぞれの学校の教育目標を実現するに当たっては総合的な探究の時間が重要な役割を果たすことを全教職員で共通に理解することは欠かせません。その上で、校長の方針に基づき、総合的な探究の時間の目標が達成できるように、全教職員が協力して全体計画及び各学年の年間指導計画、単元計画などを作成し、互いの専門性や特性を発揮し合って実践していく校内推進体制を整える必要があります。

　校内推進体制の整備に当たっては、全教職員が目標を共有しながら校務分掌に基づいて適切に役割を分担することが基本になります。必要に応じて、総合的な探究の時間を実施するに当たり、今までの校務分掌を見直しスクラップ・アンド・ビルドをしていくことも出てきます。また、地域等との協力は不可欠であり、校外の支援者とのコミュニケーションを密にする必要性が出てきますので、その窓口をしっかり決めておくこ

とも大切です。

　解説総合的な探究の時間編によると、校内推進体制として、生徒に対する指導体制と実践を支える運営体制の二つの観点から、総合的な探究の時間の校内推進体制の在り方が示されています。

（1）生徒に対する指導体制

　総合的な探究の時間の授業は、学年や学科ごとに作成された年間指導計画に基づき、学年単位・学科単位で同時展開される例が多く見られます。この場合、ホームルーム担任が自分のホームルームを直接指導する方法や、学年内や学科内の教師が指導を分担し生徒の興味・関心などを基に学習集団を組織する方法などがとられています。また、学校によっては、教師全体で指導を分担し、学年や学科の枠も外して課題別の学習集団を構成する例も見られます。

　また、総合的な探究の時間では、課題の解決や探究活動の幅が広がったり、多様化したりすることや、生徒の探究が次々と深化したりすることは、当然起こり得ます。その結果として、指導を担当する教師だけでは対応できない状況が次々と出てきます。このような場合に備え、まずは学年内で、さらには校内で養護教諭や司書教諭、学校図書館司書等も含め、教師の特性や教科・科目等の専門性に基づき、生徒の質問や相談に応じたり直接指導したりする仕組みを整えておくことが欠かせません。支援のために必要とされる教師は、生徒の学習の進行に伴って変化することから、指導を担当する教師の求めに応じて、学年主任や教務主任、学科主任等が適宜調整して配置することも必要です。このような複数の教職員による指導を可能にするためには、時間割の工夫のほか、全教職員が自分のホームルームや学年・学科だけでなく、他のホームルームや学年・学科の総合的な探究の時間の実施の様子を十分把握しておくことが大切です。その意味で、指導を担当する教師は、総合的な探究の時間の実施の様子を様々な形で公開する必要があります。例えば、日常の授業の公開のほか、生徒の学習活動が分かる資料を廊下に掲示したり、学

級だよりや学年だより、学科だよりの記事にしたりすること、最終場面の発表会はもちろん中間発表会を公開することなども考えられます。ポスターセッションやプレゼンテーションの発表資料、ポートフォリオなどの成果物などを校内のネットワーク（ＬＡＮ）で保存・共有することも考えられます。また、全教職員で実践の状況を紹介し合い、互いに学び合うことを目的としたワークショップ型の研修なども、学校全体の実施状況の理解を深めると同時に、教職員の協働性を高めることにつながります。

(2) 実践を支える運営体制

　学校は組織体として運営されており、教師や校内組織がそれぞれに連携して教育活動を営んでいます。特に総合的な探究の時間では、探究によって、教科の枠を超えた横断的・総合的な学習が展開されるため、全体計画や年間指導計画の作成、教材開発に当たって、教師の特性や教科・科目等の専門性を生かした全教職員の協働的な取組が求められます。例えば、環境問題を課題として取り上げる場合、地理歴史・公民科や理科、保健体育科、外国語科、家庭科、情報科等の教師等が指導計画の作成や指導方法の検討に積極的に参加し、専門的な知見やアイデアを出し合う場を設けることが有効になります。

　特に総合的な探究の時間では、生徒の課題の解決や探究活動の広がりや深まりによって、複数の教師による指導や校外の支援者との協力的な指導が必要になります。そのため、指導方法や指導内容などをめぐって、指導する教師が気軽に相談できる仕組みを職員組織に位置付けておくことも大切なことです。

　総合的な探究の時間においては、校内に、指導に当たる教師を支える運営体制を整える必要があります。そこで、校長は自分の学校の実態に応じて既存の組織を生かすとともに、新たな発想で運営のための組織を整備し、生徒の学習活動を学校全体で支える仕組みを校内に整える必要があります（p142）。職員分担や組織運営についての例は以下のとおり

です。

① 総合的な探究の時間の実践を支える校内分担例

　総合的な探究の時間の円滑な運営のために、既存の校務分掌組織を生かす観点から、職務に基づき次のような役割分担が考えられます。

　〇副校長、教頭：運営体制の整備、外部との日常的な連携・協力体制の構築

　〇教務主任：各種計画の作成と評価、日課表の調整、指導の分担と調整

　〇研究担当：研修計画の立案、校内研究の実施

　〇学年主任：学年内の連絡・調整、研修、相談

　〇進路指導主事：進路選択やキャリア教育にかかわること

　〇学科主任：学科内の連絡・調整、研修、相談

　また、各学校において位置付ける係や担当が果たす役割について、以下のとおり例示します。

　〇ＰＴＡ・同窓会担当：保護者や同窓会への協力依頼及び連絡調整

　〇研修担当：研修計画の立案、校内研究の実施

　〇総合的な探究の時間推進担当（コーディネーター）：総合的な探究の時間の充実に向けた方策の企画・運営、研修計画の立案、教師への指導・支援

　〇学校図書館司書・司書教諭：必要な図書の整備、生徒及び教師の図書館活用支援

　〇地域連携担当：校外の支援者、支援団体との渉外

　〇情報担当：情報機器等の整備及び配当

　〇養護教諭：学習活動時の健康管理、健康教育に関わること

　〇実習助手：実験または実習に関わること

　〇事務担当：予算の管理及び執行など

　全校生徒対象に、総合的な学習の時間を実施するに当たって、既存の校務分掌をスクラップ・アンド・ビルドして、「資質・能力育成部」と

いう新しい分掌をつくった例があります。そのときの部長は教務主任が兼務し副部長が実質の資質・能力育成部を運営しました。もし教職員に対して指導助言ができる主幹教諭がいれば部長としては最適です。この部には三つの係「計画係」「開発係」「教員研修係」をおき、それぞれの係のチーフを中心にその係が企画・運営を行いました。

② 校内推進委員会

　総合的な探究の時間の全体計画等の作成や評価、各分担及び学年間・学科間の連絡・調整、実践上の課題解決や改善等を図るため、関係教職員で組織するものが、校内における推進委員会です。構成については学校の実態によって様々なものが考えられますが、例えば、副校長や教頭、教務主任、研究担当、学年主任、学科主任、進路指導主事、生徒会担当、総合的な探究の時間コーディネーターなどが挙げられます。協議内容によっては、養護教諭、司書教諭、学校図書館司書、情報担当などを加える場合も考えられます。

　推進委員会では、これらの関係教職員の共通理解や連携強化のために連絡・調整を図るとともに、全体計画をはじめとする各種計画の作成・運用・評価についての協議、校外の支援者との連携のためにコーディネート役の機能をもたせることも有効です。

　なお、総合的な探究の時間をすべての学年で行うことは予想以上に大変なことですから、その中心になる教師には、校長のビジョンとリーダーシップの下、各教科をつないでカリキュラムをデザインし、マネジメントのできるミドルリーダー的な教員がコーディネーター役を果たすことが理想的には望まれます。

　しかし、現実にはそのような能力のあるコーディネーター役の教師が全ての学校にいつもいるわけではありませんから、そのような役割を担うことになった教師を全ての教職員が支えるという姿勢を持っていないと総合的な探究の時間を運営し続けることはできないでしょう。教師同士の協働性を高め、総合的な探究の時間を日常的に改善していく姿勢を

全ての教師が持つことが求められます（p141-143）。

第19節 »» 総合的な探究の時間のための教員研修

　総合的な探究の時間を充実させ、その目標を達成できるかどうかの鍵を握るのが教師です。総合的な探究の時間を実施するに当たって指導する教師の指導計画の作成と運用の能力、授業での指導力や評価力、さらには、生徒や学校、地域の実態等に応じて特色ある学習活動を生み出していく構想力、これらの能力を身に付けることが求められています。

　2019年度から総合的な探究の時間はすでに段階的に実施されていますが、2021年度には原則的にはすべての学年で実施されます。学年を超えての指導も含めてほぼ全ての教師が総合的な探究の時間に関わらなければならなくなるでしょう。また、生徒の多様な学習活動に対応しなければならないので、教職員全体の指導力向上を図ることは急務です。さらに、各学校の教育目標の実現や目指す資質・能力の育成について教科・科目等を横断する視点からカリキュラムをデザインする力も求められるので、受動的（パッシブ）な教師の場合には相当な負担感が生じるでしょう。

　今後、各学校の校内研修は、校長のリーダーシップの下、主体的・対話的で深い学びの実現や探究の過程を通す等にかかる学習指導の仕方を改善するだけでなく、教育課程全体を俯瞰して捉え、教育課程の改善を図ることをねらいとした総合的な探究の時間の研修を積極的に取り入れることが必要でしょう。

　したがって、年間の教員研修の計画の中に、総合的な探究の時間のための校内研修を確実に位置付け実施することが重要になります。

　解説総合的な探究の時間編によると、「特に、今回の改訂により、総合的な探究の時間の目標や内容は、各学校の教育目標を踏まえて設定さ

れることとされ、教科・科目等横断的なカリキュラム・マネジメントの軸となることが明らかとなったことからも、学校全体で行う研修に位置付ける意義がある（p144）」とあります。

研修を通じて、総合的な探究の時間の意義を理解して、手法などを学ぶことは必要なことです。ただ生徒への指導や教材研究等により、教師が多忙感を持ってしまう受動的（パッシブ）な気持ちになってしまいがちで、研修をしても現実的にはなかなか効果が上がりません。全校生徒が取り組むわけですから、「私はあまり関係ない」と思う教師が一人でもいたら総合的な探究の時間の運営が難しくなると思います。そうならないためにも、教師は総合的な探究の時間にかかる教員研修に積極的に参加し、しっかり学ぶべきでしょう

全国に目を転じると、総合的な探究の時間に関わる学年研修会を週の時間割に位置付け、生徒の学習状況について学び合い、成果をあげている学校もあるようです。

今後はすべての教師が研修のねらいや内容、総合的な探究の時間の実施の意義、実践上の課題等、を共有しながら、もっと積極的に教員研修を実施すべきと考えます。

第20節 ≫ 総合的な探究の時間のための 教員研修の具体例

2021年度にはすべての学年で行うことになるので学年を超えての指導も含めてほぼ全ての教師が総合的な探究の時間に関わらなければならなくなるでしょう。

生徒の多様な学習活動に対応しなければならないので、教職員全体の指導力向上を図ることは急務です。教員研修は校内に応じて適切に定めていくべきものである。

解説総合的な探究の時間編によると、学習指導要領及び解説を初めと
して、文部科学省が提供する指導資料などを参考に、総合的な探究の時
間の趣旨や内容等についての理解を教職員全体で共有することに加え、
実践を進める教師の必要感を生かした校内研修計画を立てることの大切
さについて述べています。

➢　総合的な探究の時間の目標及び内容について
➢　総合的な探究の時間の教育課程における位置付けや各教科・科目等、
　　特別活動及び道徳の全体計画との関連について
➢　全体計画、年間指導計画、単元計画の作成について
➢　パフォーマンス評価やポートフォリオ評価等の評価について
➢　教材開発の在り方や地域素材の生かし方
➢　国連の持続可能な開発目標（SDGs）との関連について
➢　外部との連携について
➢　学習活動時の安全確保について
➢　総合的な探究の時間のための ICT の活用について など

　なお、校内研修は全教師が一堂に会して実施する場合もありますが、
学年単位や学科単位、課題別グループ単位等の少人数で、実践上の課題
に応じて弾力的に、そして継続的に実施していくことも必要なことです。
また、研修方法については、各学校の実態や研修のねらいに応じて工夫
すべきです。

➢　校内での研修例
　・グループ研修：指導計画作成や教材作りの演習、テーマに基づく
　　　　　　　　　　ワークショップなど
　・全体研修：視察報告会、講師を招いての講義など
➢　校外での研修例
　・視察研修：他校で開催される公開研究会の参加、先進校の視察など
　・実地体験研修：生徒の体験活動の臨地研修とその評価など
　・教材収集研修：地域における教育資源となるものの観察や調査など

授業研究では、生徒の学習に取り組む姿を通して教師の指導について評価し、指導力の向上を図ることが必要です。また、総合的な探究の時間の授業を公開し、互いに学び合えるようにしておくことも大切です。

さらに、総合的な探究の時間の全体計画、年間指導計画、単元計画、実践記録、生徒の作品や論文等の写し、映像記録、参考文献等を整理・保存し、いつでも活用できるようにしておくことも、研修の推進にとって有効になります。このようにして取り組む校内研修は、教師間の協働性を高める上でも重要なことです。

一方、校長は校外で行われる研修会や研究会に積極的に職員を派遣し、その成果を校内研修会等で発表させるなどして、個々の教師の実践力の向上に役立てることが大切です。なお、近隣の学校同士で実践交流や意見交換等を行い、互いに学び合う機会を設けることも、実践力の向上には役立ちます。

第7章

特別活動と道徳教育

第1節 »»» 特別活動の目標

　特別活動は名称こそ変わりませんが、改訂の方向は目標、内容ともに従前とは大きく変わりました。以下に従前の目標と改訂された目標を示します。

望ましい集団活動を通して、心身の調和のとれた発達と個性の伸長を図り、集団や社会の一員としてよりよい生活や人間関係を築こうとする自主的、実践的な態度を育てるとともに、人間としての在り方生き方についての自覚を深め、自己を生かす能力を養う。

(高等学校学習指導要領 2009、「特別活動」目標)

集団や社会の形成者としての見方・考え方を働かせ、様々な集団活動に自主的、実践的に取り組み、互いのよさや可能性を発揮しながら集団や自己の生活上の課題を解決することを通して、次のとおり資質・能力を育成することを目指す。

(1)　多様な他者と協働する様々な集団活動の意義や活動を行う上で必要となることについて理解し、行動の仕方を身に付けるようにする。　　　　　　　　　　　　　　　　　　＜知識及び技能＞

(2)　集団や自己の生活、人間関係の課題を見いだし、解決するために話し合い、合意形成を図ったり、意思決定したりすることができるようにする。　　　　　　　　＜思考力、判断力、表現力等＞

（3）　自主的、実践的な集団活動を通して身に付けたことを生かして、集団や 社会における生活及び人間関係をよりよく形成するとともに、人間としての生き方についての考えを深め、自己実現を図ろうとする態度を養う。　　　　　　　　　　＜学びに向かう力、人間性等＞

（高等学校学習指導要領 2018、「特別活動」目標）

　高等学校学習指導要領（2018）の特別活動目標は育成を目指す資質・能力をはじめ様々なことについて明確に示しているので従前の目標よりも長いものになっています。

　高等学校学習指導要領（2018）の目標では、特別活動が「集団や社会の形成者としての見方・考え方」を働かせながら「様々な集団活動に自主的、実践的に取り組み、互いのよさや可能性を発揮しながら集団や自己の生活上の課題を解決する」ことを通して、資質・能力を育むことを目指す教育活動であることを示しています。

　特別活動を行うに当たって以下の①～③に留意しながら、その充実を図ることが大切です。

① 　育成を目指す資質・能力を明確にすること。
② 　資質・能力を育むにあたって特別活動の特質である「集団や自己の生活上の課題を解決する」という学習の過程を経ること。
③ 　学習の過程においては、特別活動の特質に応じた物事を捉える視点や考え方「見方・考え方」を働かせること。

　また、特別活動においては、育成を目指す資質・能力、それらを育成するための学習過程のあり方、については「人間関係形成」「社会参画」「自己実現」の三つの視点で整理するとしています。ただし、この三つの視点は相互にかかわりがあるので、明確に区別はできないとされています。

第2節 »»» 特別活動への大きな期待

　複雑で変化の激しい社会の中で求められる能力を育成するという視点から改定されるに当たって特別活動への期待は大きいものがあります。しかしながら、それとは裏腹に高等学校において特別活動を軽視する傾向は変わりません。授業時間を確保するときはじめに狙われるのが特別活動の時間であるロングホームルーム（以下「LHR」）の時間です。それは教師が特別活動の意義を掴んでおらず、ただのイベントの寄せ集めくらいにしか考えていないからかもしれません。特別活動は、「なすことによって学ぶ」とあるように、経験することが重視され、その結果生徒にどのような力が身に付くのかなど明確な方向を学校現場に伝えられなかったところにも原因があるのかも知れません。

　経済産業省産業構造審議会総会（2017）に配布された資料を見ると「自国のために役立つと思うようなことをしたい」と答える若者の割合は日本（54.5％）、スウェーデン（53.7％）、フランス（44.8％）、米国（42.4％）であり、日本の若者が「自国のために役立ちたい」と考えている割合は予想以上に多いと感じています。その一方、「私の参加により、変えてほしい社会の現象が少しでも変えられるかもしれない」と答える若者の割合は日本（29.2％）、スウェーデン（43.4％）、フランス（44.5％）、米国（52.9％）と日本の若者は低い値を示します。日本の若者は、貢献意識は高いが、それによって社会を変えられると思っていない傾向にあることが分かります。

　また、（財）日本青少年研究所「高校生の生活意識と留学に関する調査報告書」（2012）高校生を対象とした調査において「自分はダメな人間だと思うことがある」という質問に対して「よくあてはまる」が1980年12.9％から2002年30.4％、2011年36.0％と調査のたびに増加しています。「まあ当てはまる」を加えると、1980年58.5％から、2002年

73.0%、2011年83.7％と上昇しています。さらに、「よくあてはまる」だけに着目すると1980年の12.9%から2011年36.0%へと1980年のときに比べて2011年はほぼ3倍に増加したことがわかります。これ以外の調査報告書の結果を踏まえても現代の高校生は物事への取組が積極的になり自分の価値にやや肯定的になっているものの「ダメな人間」としての自己認識を持ちがちであることが伺えます（p23）。

　今回の学習指導要領の改訂により、特別活動がいわゆる「イベントの寄せ集め」から、育成を目指す資質・能力を育てる方向がより明確になったことに対して、大きな期待が寄せられているといえます。特別活動に対する期待のうちのひとつは、社会参画の低さが課題となる中で自治的な能力を育むことができるという期待、ふたつは、キャリア教育を学校教育全体で推進しようとするときに要の役割を担うことができるという期待、さらに、社会から要請もあるが、防災を含む安全教育や体験活動などの実施に適しているという期待等、今回の特別活動の改訂にあたって、これらの期待も視野に入れて行ったといえます。

第3節 》》》 特別活動が変わります

　特別活動はホームルーム活動（中学校では学級活動）（以下「HR活動」）、生徒会活動、学校行事から構成されて、それぞれ構成の異なる集団での活動を通して、生徒が学校生活を送る上での基盤となる力や社会で生きて働く力を育む活動として機能してきました。また、様々な取組の中で、協働性や異質なものを認め合う土壌を育むことが可能なので、生活集団、学習集団として機能するための基盤になることができ、取組を通して、集団への所属感、連帯感を育み、それがホームルーム（学級）（以下「HR」）文化、学校文化の醸成へとつなげることで、各学校が特色ある学校づくりのために教育活動の展開するときにも有効であるといわれま

した。

　ただ現状としては、特別活動が HR 活動（中学校では学級活動）、生徒会活動、学校行事で構成されていること、それぞれの特質を踏まえながら教育活動を行っていくことが特色ある学校づくりにつながることについて、教師や生徒にほとんど浸透していません。学校によっては一部で例えば大学進学対策のための時間、検定試験の合格を目指して演習のための時間などとして捉えている場合もみられます。ただ教育課程については、公立高校においては教育委員会に教育課程表を提出し承認をもらう必要があるので年間指導計画等はどの学校も承認される計画でつくられているはずです。

　「高等学校学習指導要領の改訂に伴う移行措置並びに移行期間中における学習指導等について（通知）」（文部科学省、2018）が出されました。「高等学校及び中等教育学校の後期課程（以下「高等学校等」という。）にあっては平成 31 年 4 月 1 日から新高等学校学習指導要領が適用されるまでの間（以下「移行期間」という。）における学習指導要領の特例が定められました」「特別活動については、新高等学校学習指導要領によることとしたこと。」とあります。各学校は新学習指導要領が告示されてハードルは一段と上がったはずです。

　文部科学省が 2018 年 7 月に公表した高等学校学習指導要領解説特別活動編（以下「解説特別活動編」）では特別活動において育成することを目指す資質・能力の視点については以下のように示されました。

　特別活動は「なすことによって学ぶ」ことを方法原理とし、各学校において特質ある取組が進められているが、各活動・学校行事において身に付けるべき資質・能力は何なのか、どのような学習過程を経ることにより資質・能力の向上につなげるのかということが必ずしも意識されないまま指導が行われてきたという実態も見られる。特別活動が各教科等の学びの基盤となるという面もあり、教育課程

全体における特別活動の役割や機能も明らかにする必要がある。

(解説特別活動編、2018、p4)

　いままでの特別活動は、内容や指導のプロセスの構造がほとんど整理されておらず、そのためにHR活動（中学校では学級活動）、生徒会活動、学校行事の三つ特別活動であることすら生徒が知らないことがほとんどでした。ですから当然関連性や意義、役割などの整理がなされずにただイベント的に行事をこなすことが多かったでした。

第**4**節》》 特別活動の意義

　大学の教職課程の科目である「特別活動の指導法」を履修している学生に、高校時代に実施した特別活動について尋ねると「どんなことをしたのか記憶にない」と答える学生が多い実態があります。高等学校で何もやっていないことはあり得ないので、学生が特別活動についてほとんど知らないということでしょう。それは教師が特別活動の意義をしっかり伝えていないことも原因と考えられます。

　特別活動は、HR活動、生徒会活動、学校行事から構成されます。それぞれ構成の異なる集団での活動を通して、生徒が学校生活を送る上での基盤となる力や社会で生きて働く力を育成するために行っているわけですが、そのことが生徒に対して伝わっていません。

　HR活動は、高等学校ではLHRという時間がありますから毎週1回は授業としてあります。この時間に何をしたのか。クラス役員決め、担任との面談、文化祭の出し物、球技大会の役員決め、生徒総会の提案、修学旅行の班づくりや班での行き先決め、生徒会役員の立候補者選出、応援演説会や投票…HR活動は、生徒会活動や学校行事とかなりリンクしていることが分かります。特別活動が、HR活動、生徒会活動、学校

行事から構成されるものであることが分かれば、HRを中心にそれらの構成要素は互いにリンクしていることが分かります。しかし高等学校では、そのことが周知されていない状況で進んでいるため、生徒にとってロングホームルームといえば様々なイベントのため、あるいはその準備のためにある授業時間、突発的に起こった出来事をうまく収める緩衝材的な役割を果たす時間、どのように統一したらよいのかという印象が強いです。

　解説特別活動編には「これまで、特別活動は、学校における集団活動や体験的な活動を通して、各教科・科目や道徳教育等で身に付けた力を、実際の生活において生きて働く汎用的な力とするため人間形成の場として、教育課程上の重要な役割を担ってきた。また、生徒が学校生活を送る上での基盤となる力や実際の生活において生きて働く力とするための人間形成の場として機能してきた（p22）」「学校は人と人とが関わり合う一つの社会である。生徒は、多様な他者と関わり合って生き、特別活動を通して学校における生活の向上に努め、多様な他者と関わり合ってよりよく生きようとすることを学ぶのである（p22）」とあります。

　特別活動はそのような機能を持ち、多様性、協働性を育むことができるので、特に人間関係を形成する上では有効な活動です。しかし、残念ながら実際の学校現場ではHR活動、生徒会活動、学校行事を行うときに、自身がそのようなことを意識して、あるいは生徒に意識させて、意図をもって活動を行うことはあまりなかったような気がします。

　解説特別活動編でも「特別活動は「なすことによって学ぶ」ことを方法原理とし、各学校において特質ある取組が進められているが、各活動・学校行事において身に付けるべき資質・能力は何なのか、どのような学習過程を経ることにより資質・能力の向上につなげるのかということが必ずしも意識されないまま指導が行われてきたという実態も見られる。特別活動が各教科等の学びの基盤となるという面もあり、教育課程全体における特別活動の役割や機能も明らかにする必要がある（p6）」

第7章 > 特別活動と道徳教育　139

とあり、今までの特別活動のように、ただイベントをこなすだけということではなく、各高等学校が学校としての育成を目指す資質・能力を明確にしながら取り組む必要があります。特別活動は、社会変化が加速度し複雑で予測困難な時代になったときに生き抜ける力を養うことができるものです。

第5節 »»» 特別活動の方向性

　特別活動を考えるとき、一つは大枠の構成が各活動（HR活動と生徒会活動）と学校行事であることです。二つは実施の際に様々な構成の集団があるということです。例えば、HR単位、学年単位、学校単位、委員会や本部役員のようにクラスの代表とか選挙で選ばれた生徒の集団などです。このことを考慮しながら解説特別活動編を踏まえると、特別活動の改善の方向については以下のようになります。

　（1）目標の改善

　今回の改訂では、①学びを通して育成することを目指す資質・能力が三つの柱により明確になったこと②資質・能力を育むに当たり、生徒に学びの過程を経験させること③学びの過程において質の高い深い学びを実現する観点から特別活動の特質に応じた物事を捉える視点や考え方（見方・考え方）を働かせることがポイントになります。

　特別活動の目標については、「人間関係形成」「社会参画」「自己実現」という三つの視点を手掛かりとしながら、資質・能力の三つの柱に沿って目標が整理されています。そうした資質・能力を育成するための学習の過程として、「様々な集団活動に自主的、実践的に取り組み、互いのよさや可能性を発揮しながら集団や自己の生活上の課題を解決することを通して」資質・能力の育成を目指すこととしています。

　特別活動の見方・考え方は、「集団や社会の形成者としての見方・考

え方」を働かせることです。集団や社会の形成者としての見方・考え方は、特別活動と各教科等とが往還的な関係にあります。そのことを踏まえて、各教科・科目等における見方・考え方を総合的に働かせて、集団や社会における問題を捉え、よりよい人間関係の形成、よりよい集団生活の構築や社会への参画及び自己の実現に関連付けることとして整理することができます。

(2) 内容構成の改善

特別活動は各活動と学校行事から構成されるという大枠の構成に変化はありませんが、特別活動全体の目標と各活動との関係について、各活動や学校行事の意義や活動を行う上で必要となることについて理解し、それらを主体的に考えて実践できるように指導することを通して、特別活動の目標に示す資質・能力の育成を目指していくものです。そのため各活動や学校行事の内容については、それぞれの項目においてどのような過程を通して学ぶのかを端的に示しています。

なお、各活動と学校行事で育成する資質・能力は、それぞれ別個のものではなく、各活動及び学校行事の特質に応じつつ、特別活動全体の目標の実現に向けていくものであるために、各活動と学校行事の目標の中に育成することを目指す資質・能力を三つの柱で示していません。ですから、各活動と学校行事は目標のみしか示していないので、特別活動の目標（全体目標）と比較するときには違和感があるかもしれません。

(3) 内容の改善

今回の改訂では、特別活動全体を通して、自治的な能力や主権者として積極的に社会参画する力を育てることを重視し、HRや学校の課題を見いだし、よりよく解決するため話し合って合意形成すること、主体的に組織をつくり役割分担して協力し合うことの重要性を明確にしました。なお、各活動・学校行事のポイントは以下のとおりです。

〔HR活動〕

○ 「(3) 一人一人のキャリア形成と自己実現」を新たに設ける

○　学習の過程として、「(1) ホームルームや学校に生活づくりへの
参画」は集団としての合意形成を、「(2) 日常の生活や学習への適
応と自己の成長及び健康安全」「(3) 一人一人のキャリア形成と自
己実現」においては一人一人の意思決定を行うことを示す

○　特別活動が学校教育全体を通して行うキャリア教育の要となる

〔生徒会活動〕

○　生徒が主体的に組織をつくる

○　学校内の活動に加えてボランティア等の社会参画を重視する

〔学校行事〕

○　就業体験活動やボランティア活動等の体験活動については引き続
き行う

○　健康安全・体育的行事の中で事件や事故、災害から身を守る安全
な行動や規律ある集団行動の体得

(4) 学習指導の改善

特別活動の学習指導では、その目標の実現のため、学校の教育活動全
体の中における特別活動の果たす役割も踏まえながら、

○　特別活動の深い学びとして、生徒が集団や社会の形成者としての
見方・考え方を働かせ、様々な集団活動に自主的、実践的に取り組
む中で、互いのよさや個性、多様な考えを認め合い、等しく合意形
成に関わり役割を担うようにすることを重視する

○　特別活動の全体計画や各活動及び学校行事の年間指導計画を作成
する際、社会の一員としての自己の生き方を探究するなど、人間と
しての在り方生き方の指導が行われるよう配慮する

○　HR 活動における生徒の自発的、自治的な活動を中心として、各
活動と学校行事を相互に関連付けながら HR 経営の充実を図る

○　いじめの未然防止を含めた生徒指導との関連を図ること、学校生
活への適応や人間関係の形成などについて、主に集団の場面で必要
な指導や援助を行うガイダンスと、個々の生徒の多様な実態を踏ま

え一人一人が抱える課題に個別に対応した指導や援助を行うカウンセリングの双方の趣旨を踏まえて指導を行う

○　異年齢集団による交流を重視するとともに、高齢者や障害のある幼児児童生徒との交流及び共同学習等を通じ、協働することや他者の役に立ち社会に貢献することの喜びを得られる活動を充実する

今回の改訂で特別活動はこのような方向示されました。名称こそ変わっていませんが、内容等については大幅に変更されたということができます。(p7-10)。

第6節»»» 特別活動で育成を目指す資質・能力

特別活動の目標に育成を目指す資質・能力が下の表のとおり記載されています。

---

(1)　多様な他者と協働する様々な集団活動の意義や活動を行う上で必要となることについて理解し、行動の仕方を身に付けるようにする。　　　　　　　　　　　　　　　　　　　　＜知識及び技能＞

(2)　集団や自己の生活、人間関係の課題を見いだし、解決するために話し合い、合意形成を図ったり、意思決定したりすることができるようにする。　　　　　　　　＜思考力、判断力、表現力等＞

(3)　自主的、実践的な集団活動を通して身に付けたことを生かして、集団や 社会における生活及び人間関係をよりよく形成するとともに、人間としての生き方についての考えを深め、自己実現を図ろうとする態度を養う。　　　　　　　　　＜学びに向かう力、人間性等＞

解説特別活動編（2018）には、

(1)については、基本的には生徒が、知識や技能を理解し、行動の仕方

第 7 章 ▷ 特別活動と道徳教育　　143

を身に付けることです。集団活動を前提とする特別活動は、よりよい人間関係の形成や合意形成、意思決定をどのように図っていくかを大切にしています。集団活動を通して、話合いの進め方やよりよい合意形成と意思決定の仕方、チームワークの重要性や役割分担の意義等について理解することが必要です。これは、方法論的な知識や技能だけではなくよりよい人間関係とはどのようなものなのか、合意形成や意思決定とはどういうことなのか、という本質的な理解も極めて重要になります。また、特別活動の実践活動や体験活動を通して体得させることが必要です (p16-17)。

　(2)について、様々な集団活動を通して、自己の生活上の課題や他者との関係の中で生じる課題を見いだし、その解決のために話し合い、決まったことを実践します。さらに、実践したことを振り返って次の課題解決に向かいます。この一連の活動過程において、生徒が各教科・科目等で学んだ知識などを課題解決をする際に関連付けながら主体的に考えたり判断したりすることを通して、個人と集団との関わりの中で合意形成や意思決定が行われ、こうした経験や学習の積み重ねることにより、課題解決の過程において必要となる「思考力、判断力、表現力等」が育成されます (p17-18)。

　(3)について、人は、実社会において、目的を達成するため、また、自己実現を図るために様々な集団に所属したり、集団を構築したりしています。その中で様々な困難や障害を克服し、自分を磨き人間性を高めています。したがって、多様な集団に所属し、その中でよりよい人間関係を形成しようとしたり、よりよい集団や社会 を構築することによって、自己実現を図ろうとしたりすることは、まさに 学び続ける人間としての在り方や生き方と深く関わるものとなります。特別活動では、様々な集団活動の役割や意義を理解し、生徒自身が様々な活動に自主的、実践的に関わろうとする態度を育てることが必要になってきます (p18)。

第7節 ホームルーム活動における学習過程

　特別活動のうち、HR活動において育成することを目指す資質・能力の育成について考えると、「問題の発見・確認」→「解決方法の話合い」→「解決方法の決定」→「決めたことの実践」→「振り返り」といった学習過程の中で育まれるといわれています。こうした学習過程において、生徒が自発的、自治的なHRや学校の生活づくりを実感できるような一連の活動を意識して指導に当たる必要があります。

　ところで、HR活動の各内容項目としては「(1) HRや学校における生活づくりへの参画」、「(2) 日常の生活や学習への適応と自己の成長及び健康安全」、「(3) 一人一人のキャリア形成と自己実現」がありますが、それぞれ特質があるので、それを踏まえた学習過程を通す必要があります。

　解説特別活動編では、以下のように述べています。
　「(1) HRや学校における生活づくりへの参画」
　「問題の発見・確認」とは、HRや学校での生活を向上・充実させる

図-5　ホームルーム活動における学習過程

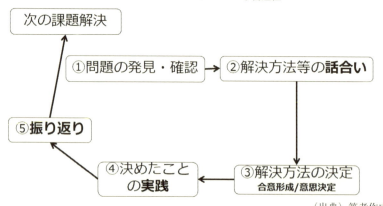

（出典）筆者作成

ため、HR や学校での生活上の問題から、HR の生徒に共通する課題を見いだすことを示しています。その際、教師の適切な指導の下に生徒によって提案される話合いの内容を一般的に「議題」といいます。

「解決方法の話合い」「解決方法の決定」とは、議題についての提案理由を基に、一人一人の思いや願いを大切にしながら意見を出し合い、分類したり、比べ合ったりして、HR としての考えをまとめて決める「合意形成」までの過程となります。

「決めたことの実践」とは、生徒が合意形成に基づいて協働して取り組むとともに、一連の活動を振り返り、次の課題解決へとつなげていく「振り返り」につなげていくものです。

また、「合意形成」とは、全員の意思の統一という意味ではなく、実践内容についての合意であることに留意し、個々の考え方や意思、価値観等を相互に認め、尊重し合えるように指導することも大切です。高等学校において、「合意形成」を図る活動については、いくつか留意する必要があります。一つは、課題に対して、一人一人が自分なりの意見や意思をもった上で、合意形成に向けた話合いに臨むようにすることです。もう一つは、合意形成に基づき実践するに当たって、自分自身に何ができるか、何を行うべきか、ということを主体的に考えて、意思をもつことです。合意形成を図る過程においては、それぞれの意見を主張しながらも、決まったことに対しては、協力しながら責任を持って自分の役割を果たしていくことが大切ですが、単に「決まったことだから、やるしかない」という受動的な姿勢ではなく、合意形成に基づき、集団の形成者として、自分の個性を生かして何ができるかを主体的に考えて意思をもって取り組むことができるようにする必要があります。この二つの視点はそれぞれつながっています。HR や学校の課題を自分事として捉え、自分なりの意思をもって合意形成に臨んでこそ、合意形成したことに対して主体的に取り組もうという意欲を持つことにつながります。特に高等学校の段階においては、HR や学校の課題を自分事として捉えること

が、よりよい社会づくりや地域社会への貢献など、自分自身の意思や取組、存在そのものが広く社会に影響を与えるものであることを自覚させることになります。こうした点を大事にした活動の過程となるよう教師が計画的に指導することがあってこそ、合意形成を図る活動が、自主的・実践的なものになるといえます。

「(2) 日常の生活や学習への適応と自己の成長及び健康安全」「(3) 一人一人のキャリア形成と自己実現」

(2) は現在及び将来における生活上の課題、(3) は現在及び将来を見通した学習や在り方生き方に関する課題という違いがありますが、「問題の発見・確認」→「解決方法の話合い」→「解決方法の決定」→「決めたことの実践」→「振り返り」という基本的な学習過程は同じです。

「問題の発見・確認」とは、「題材」に基づいた資料やアンケート結果から生徒一人一人が日常生活や将来に向けた自己の生き方、進路等の問題を確認し、取り組むべき課題を見いだして、解決の見通しをもつことを示しています。なお、ここでいう「題材」とは、HR経営や生徒の発達段階を踏まえ、教師がこれらの活動で取り上げたいことをあらかじめ年間指導計画に即して設定したものです。

「解決方法の話合い」「解決方法の決定」では、話合いを通して、相手の意見を聞いて、自分の考えを広げたり、課題について多面的・多角的に考えたりして自分に合った解決方法を自分で決める「意思決定」までの過程を示しています。

「決めたことの実践」、「振り返り」については、意思決定しただけで終わることなく、決めたことについて粘り強く実践したり、一連の活動を振り返って成果や課題を確認したり、更なる課題の解決に取り組もうとする意欲を高めることが重要であることも意図して示したものです。

「(1) HRや学校における生活づくりへの参画」と「(2) 日常の生活や学習への適応と自己の成長及び健康安全」及び「(3) 一人一人のキャ

リア形成と自己実現」の違いは、「解決方法の話合い」「解決方法の決定」において、(1) では、議題についての提案理由を基に、一人一人の思いや願いを大切にしながら意見を出し合い、分類したり、比べ合ったりして、HR としての考えをまとめて決める「合意形成」までの過程であり、(2)(3) では、話合いを通して、相手の意見を聞いて、自分の考えを広げたり、課題について多面的・多角的に考えたりして自分に合った解決方法を自分で決める「意思決定」までの過程を示しているところです（p36-39）。

第8節»» キャリア教育の要としての特別活動

　HR 活動の内容に、「(3) 一人一人のキャリア形成と自己実現」があります。この内容は、個々の生徒の将来に向けた自己実現に関わるものであり、一人一人の主体的な意思決定に基づく実践活動にまでつなげることをねらいとしています。今回の改訂においては、特別活動をキャリア教育の要としながら、学校教育全体を通してキャリア教育を適切に行うことが示されました。個々の生徒の将来に向けた自己の実現に関わる内容であり、一人一人の主体的な意思決定に基づく実践活動につなげる活動です。

　高等学校学習指導要領（2018）には、「(3) 一人一人のキャリア形成と自己実現」の内容としては以下のことが示されています。

ア　学校生活と社会的・職業的自立の意義の理解
　　現在及び将来の生活や学習と自己実現とのつながりを考えたり、社会的・職業的自立の意義を意識したりしながら、学習の見通しを立て、振り返ること。

イ　主体的な学習態度の確立と学校図書館等の活用
　　自主的に学習する場としての学校図書館等を活用し、自分にふさわ

しい学習方法や学習習慣を身に付けること。

ウ　社会参画意識の醸成や勤労観・職業観の形成

　社会の一員としての自覚や責任をもち、社会生活を営む上で必要な
マナーやルール、働くことや社会に貢献することについて考えて行動
すること。

エ　主体的な進路の選択決定と将来設計

　適性やキャリア形成などを踏まえた教科・科目を選択することなど
について、目標をもって、在り方生き方や進路に関する適切な情報を
収集・整理し、自己の個性や興味・関心と照らして考えること。

　解説特別活動編には、上記の内容の指導に当たっては、特に次のふた
つを踏まえること大切であるとしています。一つ目は、総則において、
特別活動が学校におけるキャリア教育の要としつつ学校の教育活動全体
で行うこととされた趣旨を踏まえることです。

　キャリア教育の要としての役割を担うとは、キャリア教育が学校教育
全体を通して行うものであるという前提のもと、これからの学びや自己
の生き方を見通し、これまでの活動を振り返るなど、教育活動全体の取
組を自己の将来や社会づくりにつなげていくための役割を果たすという
ことになります。二つ目は、ホームルーム活動（3）の内容が、キャリ
ア教育の視点からの小・中・高等学校のつながりが明確になるよう整理
されたということです。ここで扱う内容については、将来に向けた自己
実現に関わるものであり、一人一人の主体的な意思決定を大切にする活
動です。小学校から中学校、高等学校へのつながりを考慮しながら、高
等学校段階として適切なものを内容として設定しています。特に高等学
校で意識して欲しいことは、キャリア教育は、教育活動全体の中で基礎
的・汎用的能力を育むものですから、就業体験活動や進学や就職に向け
た指導などの固定的な活動だけにならないようにすることです（p52-54）。

第9節 »»» 特別活動と生徒指導
（含むいじめの未然防止）

　高等学校学習指導要領（2018）第1章総則第5款「生徒の発達の支援」の1（2）では「生徒が、自己の存在感を実感しながら、よりよい人間関係を形成し、有意義で充実した学校生活を送る中で、現在及び将来における自己実現を図っていくことができるよう、生徒理解を深め、学習指導と関連付けながら、生徒指導の充実を図ること。」と示されています。

　教育は本来、個々の生徒のもつ能力を最大限まで発達させることを目指すものであり、そのためには、個々の生徒の特性等を的確に捉え、その伸長・発達のために、高等学校教育の全教育活動を通じて、教師は生徒に対して適切な指導・援助を行う必要があります。

　HRは、生徒にとって学習や学校生活の基盤であり、HR担任の教師の役割は重要です。HR担任の教師は、学校、学年、課程や学科などの経営を踏まえて、調和のとれたHR経営の目標を設定し、指導の方向及び内容をHR経営案として整えるなど、HR経営の全体的な構想を立てる必要があります。

　HR経営を行う上で最も重要なことはHRの生徒一人一人の実態を把握すること、すなわち生徒理解になります。HR担任の教師の、日頃のきめ細かい観察を基本に、面接など適切な方法を用いて、一人一人の生徒を客観的かつ総合的に認識することが生徒理解の第一歩になります。日頃から、生徒の気持ちを理解しようとするHR担任の教師の姿勢は、生徒との信頼関係を築く上で極めて重要です。

　今回の改訂では、「HR経営の充実」が中学校（2017）及び高等学校（2018）学習指導要領の総則及び特別活動において新たに示されました。解説特別活動編によると、学校での学習や生活において、その基盤とな

る HR の役割が、生徒の今日的な様々な状況から、一層認識されてきたためです。このような視点から、「HR 活動における生徒の自治的な活動」を中心とした HR 経営の充実が求められています。

HR 活動の指導では、生徒会活動や学校行事とも関連付けながら、生徒相互及び教師と生徒との人間関係を構築し、個々の生徒のキャリア形成・進路指導、学業指導の実践、道徳性、社会性の涵養などに加え、HR や学校の文化の創造も図ることができます。

また、HR 活動の目標の実現を目指し、それぞれの内容の特質を生かした指導を充実するには、HR 担当の教師個々の HR 経営のみならず、学年の教師が互いに協力し合う学年経営や学科及びコース経営の充実も不可欠です。HR 経営と学年経営は相互に補完し合い、高め合っていく関係にあることから、教師が互いの役割や考えを尊重し協力し合うことが大切です。そのため、学校経営や学年経営との調和を図った HR 経営の充実は、生徒会活動や学校行事における生徒の自主的、実践的な活動をより一層促すものでもあります。

ところで、我が国のいじめの背景には、HR 内の人間関係に起因する問題が多く指摘されています。そのことから、今回の改訂ではそれを踏まえて HR 経営と生徒指導の関連が盛り込まれています。HR 活動を充実させることが、いじめを未然防止する観点からも重要であることは間違いありません。HR 内の人間関係に起因する問題に対しては、自治的な活動や様々な体験活動を通して、多様な他者を尊重する態度を養うことはもとより、一人一人の自己肯定感を高める指導も重要になります。

特別活動の指導と生徒指導の共通点と相違点を考えるとき、共通しているのは、どちらも、自らの課題を見いだし、改善しようとするなどの自己指導能力の育成、究極的には生徒一人一人の望ましい人格形成を図ることをねらいとしているところです。

相違点としては、生徒指導では個別場面と集団場面の両方の場面での指導が基本となるのに対して、特別活動では、主に集団場面において生

徒の集団活動の指導を通じて行行われます。ただし、特別活動のうち HR 活動では、HR 活動で学んだ内容を、生徒一人一人が身に付けるためには、集団場面に続いてあるいは並行しての個別場面における指導や支援には必要とされています。具体的には HR 活動の各内容を通じて、個々の生徒が生活や学習に関わる目標を自ら立て、目標に向かって粘り強く取り組み、振り返り、改善点を見いだすことができるよう、集団の場面における指導や個別の場面における援助に努めることなどです（p110-112）。その際、特別活動の機能である集団の場面で必要な指導や援助を行うガイダンスと、個々の生徒の多様な実態を踏まえ、一人一人が抱える課題に個別に対応した指導を行うカウンセリングの双方をうまく駆使することにより、生徒の発達を支援することが重要です。

　改訂により、学習や生活の基盤としての HR が重視され、教師と生徒との信頼関係及び生徒相互のよりよい人間関係を育てるために、日頃から HR 経営の充実を図ること、となり特別活動への期待は高等学校の教師が考えている以上に高まっています。

第10節»»» 特別活動と総合的な探究の時間

　「高等学校学習指導要領の改訂に伴う移行措置並びに移行期間中における学習指導等について（通知）」（文部科学省、2018）が通知されて、(1) 従来の「総合的な学習の時間」を「総合的な探究の時間」に改め、新高等学校学習指導要領によることとしたこと、(2) 特別活動については、新高等学校学習指導要領によることとしたこと、また、総合的な探究の時間に関する特例については、平成 31 年 4 月 1 日以降に高等学校に入学した生徒について適用すること、特別活動については、移行期間中に在籍する全ての生徒に適用すること、とありました。総合的な探究の時間と特別活動は本格的な実施の前にいち早く取り組むべきこととし

てあげられています。

　特別活動と総合的な探究の時間との関連を考えるに当たっては、はじめに、それぞれの目標や内容を正しく理解しておく必要があります。

　解説特別活動編によると、特別活動と総合的な探究の時間ともに、各教科・科目等で身に付けた資質・能力を総合的に活用・発揮しながら、生徒が自ら現実の課題の解決に取り組むことを基本原理としている点に、共通性が見られます。体験的な学習を重視すること、協働的な学習を重視することについても同様です。また、自己の生き方についての考えを深める点においても通じるところがあります。

　また、それぞれの目標を比べると、特別活動は「実践」に、総合的な探究の時間は「探究」に本質があるということができます。特別活動における「実践」は、話し合って決めたことを「実践」したり、学んだことを学校という一つの社会の中で、あるいは家庭を含めた日常の生活の中で、現実の課題の解決に生かしたりするものです。一方、総合的な探究の時間における「探究」は、物事の本質を探って見極めようとすることです。

　特別活動の特質である「実践的に取り組む」とは、実生活に生かし、学びが実生活の中で活きることを体得するという意味をもっており、他の教科・科目等で学んだことやそれらを横断的・総合的に捉えたことを実生活の中で生かすこととができるかという実践の場としての役割を重視しています。したがって、学んだことを現在及び将来の生活改善や集団づくりに実際に生かすことができるかを意図した指導が重要になります。

　「解決」については、特別活動では、実生活における、現実の問題そのものを改善することですが、総合的な探究の時間では、一つの疑問が解決されることにより、更に新たな問いが生まれ、物事の本質に向けて問い続けていくものです。その学習の過程においては重なり合う面もありますが、総合的な探究の時間と目指しているものそのものが本質的に

第 7 章 > 特別活動と道徳教育　　153

異なっています。

　以上のような点を踏まえ、両者のそれぞれの目標や内容に沿った指導を行うことを前提とした上で、両者の関連を図った指導を行うことは効果的です。例えば、総合的な探究の時間で学んだ内容が、特別活動における実際のホームルームや学校の生活に生かされ、そこで体得したことが次の探究的な学習の問いにつながるなどの両者の特質を生かし合った関連が考えられます（p32-33）。

第11節》》》特別活動と道徳教育

　高等学校の教育課程は、各教科・科目等によって編成されています。それぞれが固有の目標やねらいをもつ教育活動です。そして、それぞれの教育活動が直接的、あるいは間接的に関連をもち、相互に関連し補充し合いながら、それぞれのねらいを達成することにより、全体として各教科・科目等の枠を超えたつながりの中で、高等学校教育の目的や目標を達成することができます。

　解説特別活動編によると、特別活動と道徳教育との関係については、生徒の豊かな道徳性は、家庭、学校及び社会生活など様々な環境の中で多様な経験を通して育成されるものです。高等学校においては、小中学校と異なり、教科としての道徳はありません。したがって、特に、高等学校における道徳教育は、学校の教育活動全体を通じて行うものになります。高等学校において、特に生徒の発達の段階に対応した指導の工夫が求められることもあり、人間としての在り方生き方に関する教育を学校の教育活動の全体を通じて行うことにより道徳教育の充実を図ることが大切になります。

　特別活動では、目標の中で「人間としての在り方生き方」を掲げているので人間としての在り方生き方に関する中核的な指導の場面として重

視する必要があります。その意味では、特別活動の様々な教育活動は、道徳性の育成にとって重要な機会でもあります。

特別活動における道徳教育の指導においては、学習活動や学習態度への配慮、教師の態度や行動による感化とともに、以下に示すような特別活動の目標と道徳教育との関連を明確に意識しながら、適切な指導を行う必要があります。

特別活動におけるホームルームや学校生活における集団活動や体験的な活動は、日常生活における道徳的な実践の指導を行う重要な機会と場です。特別活動が道徳教育に果たす役割は大きいです。特別活動の目標には「集団活動に自主的、実践的に取り組み」「互いのよさや可能性を発揮」「集団や自己の生活上の課題を解決」など、道徳教育でもねらいとする内容が含まれています。

また、特別活動で目指す資質・能力には、「多様な他者との協働」「人間関係」「人間としての在り方生き方」「自己実現」などがあります。道徳教育がねらいとする内容と共通している面が多く含まれているので、道徳教育において果たすべき役割は極めて大きいといえます。

具体的には、「自他の個性や立場を尊重しようとする態度」「義務を果たそうとする態度よりよい人間関係を深めようとする態度」「社会に貢献しようとする態度、自分たちで約束をつくって守ろうとする態度」「より高い目標を設定し諸問題を解決しようとする態度」「自己のよさや可能性を大切にして集団活動を行おうとする態度」などがありますが、それらは集団活動を通して生徒に身に付けさせたい道徳性となります。

特別活動をホームルーム活動、生徒会活動、学校行事に分けて、それぞれの道徳性を考えると以下のようになります。

HR活動においては、内容「(1) HRや学校における生活づくりへの参画」は、HRや学校の生活上の諸課題を見いだし、これを自主的に取り上げ、協力して課題解決していく自発的、自治的な活動です。このような生徒による自発的、自治的な活動によって、よりよい人間関係の形

成や生活づくりに参画する態度などに関わる道徳性を身に付けることができます。

　ホームルーム活動の内容「(2) 日常の生活や学習への適応と自己の成長及び健康安全」では、自他の個性の理解と尊重、よりよい人間関係の形成、男女相互の理解と協力、国際理解と国際交流の推進、青年期の悩みや課題とその解決、生命の尊重と心身ともに健康で安全な生活態度や規律ある習慣の確立を示しています。

　さらに内容「(3) 一人一人のキャリア形成と自己実現」では、学校生活と社会的・職業的自立の理解、主体的な学習態度の確立と学校図書館等の活用、社会参画意識の醸成や勤労観・職業観の醸成、主体的な進路の選択決定と将来設計を示しています。これらのことについて、自らの生活を振り返り、自己の目標を定め、粘り強く取り組み、よりよい生活態度を身に付けようとすることは、道徳性の育成に密接な関わりをもっているということができます。

　生徒会活動においては、全校の生徒が学校におけるよりよい生活を築くために、問題を見いだし、これを自主的に取り上げ、協力して課題解決していく自発的、自治的な活動を通して、異年齢によるよりよい人間関係の形成やよりよい学校生活づくりに参画する態度などに関わる道徳性を身に付けることができます。

　学校行事においては、特に、就業体験活動やボランティア精神を養う活動や自然の中での集団宿泊体験、幼児児童生徒、高齢者や障害のある人々などとの触れ合いや文化や芸術に親しむ体験を通して、よりよい人間関係の形成、自律的態度、心身の健康、協力、責任、公徳心、勤労、社会奉仕などに関わる道徳性の育成を図ることができます。

　特別活動の特質に応じて、道徳教育で目指す資質・能力を特別活動により育成することが可能であることが分かります (p31-32)。

第12節 》》》 道徳教育の必要性

　「道徳教育の在り方に関する懇談会」の報告書（2013）によると、道徳教育についてはいくつかの大きな課題があるといわれています。「歴史的経緯に影響され、いまだに道徳教育そのものを忌避しがちな風潮がある」「他教科等に比べて軽んじられ、小中学校においては道徳の時間は他の教科等に振り替えられていることもあるのではないか」「教員をはじめとする教育関係者にもその理念が十分に理解されておらず、効果的な指導方法も共有されていない」「学年が上がるにつれて、道徳に関する児童生徒の受け止めがよくない」などが挙げられています。

　高等学校においても文部科学省作成の資料から「諸外国に比べて高校生の自己肯定感や社会参画への意識低いこと」がわかります。

　また、「知識基盤社会」といわれ知識や情報が基盤となっている社会に私たちは生活しているわけですが、「グローバル化の進展」「情報通信技術など、科学技術の進歩」「少子高齢化の進行」などがかつてないスピードで進み、予測困難な社会の変化の中を生き抜かなければならなくなったといわれています。このような社会の変化に主体的に関わり、感性を豊かに働かせながら、どのような未来を創っていくのか、どのように社会や人生をよりよいものにしていくのかという目的を自ら考え、自らの可能性を発揮し、よりよい社会と幸福な人生の創り手となる力を身に付けられるようにすることが重要であると考える中で道徳教育の充実が求められるようになりました。

　解説総則編によると道徳教育の目標については、「道徳教育は、教育基本法及び学校教育法に定められた教育の根本精神に基づき、生徒が自己探求と自己実現に努め国家・社会の一員としての自覚に基づき行為しうる発達の段階にあることを考慮し、人間としての在り方生き方を考え、主体的な判断の下に行動し、自立した人間として他者と共によりよく生

きるための基盤 となる道徳性を養うことを目標とすること」とあります。学校における道徳教育は、生徒がよりよく生きるための基盤となる道徳性を養うことを目標としており、生徒一人一人が将来に対する夢や希望、自らの人生将来をひらいていく力を育む源になる必要があります。道徳教育の目標のキーとなる文としては、「教育基本法及び学校教育法の根本精神に基づくものであること」「高校生は自己探求と自己実現に努め国家・社会の一員としての自覚に基づき行為しうる発達の段階にあること」「人間としての在り方生き方を考える」「主体的な判断の下に行動できること」「自立した人間として他者と共によりよく生きること」「そのための基盤となる道徳性を養うこと」です。

　学校における道徳教育で求められている道徳性を構成する諸様相である道徳的判断力、道徳的心情、道徳的実践意欲と態度を養うことを学校の教育活動全体の中でどう育んでいくかが問われるところです（p29-32）。

第13節 »»» 道徳教育の充実

　今回改訂される学習指導要領から、小学校から高校まで道徳教育が大きく変わりその充実が求められます。

　小・中学校における道徳教育及び道徳科の基本的な考え方としては「学校における道徳教育は、特別の教科である道徳を要として学校の教育活動全体を通じて行うこと」「道徳教育は、教育基本法及び学校教育法に定められた教育の根本精神に基づくこと」「よりよく生きるための基盤となる道徳性を養うこと」（小学校学習指導要領 2015・中学校学習指導要領 2016）となります。

　学校の教育活動全体を通して行うことはいままでと変わりませんが、教科として道徳科ができるということは大きな変化です。改訂の背景としては「深刻ないじめの本質的な問題解決に向けて」「情報通信技術の

発展と子供の生活」「子供をとりまく地域や家庭の変化」などが挙げられますが、特に様々な対策を立てて一向になくならないいじめの問題は大きな課題でありその解決に向けて今後も粘り強く取り組む必要があります。

　高等学校では、次期学習指導要領答申を踏まえ、高校における道徳教育に係る改訂の基本方針と要点は次のようなに示されました。

　高等学校学習指導要領（2018）には、「高校における道徳教育は人間としての在り方生き方に関する教育を学校の教育活動全体を通じて行うことで充実させる」「各教科・科目等のそれぞれの特質に応じて適切な指導を行う」「高校の道徳教育の目標等は小・中学校学習指導要領の改訂を踏まえつつ学校の教育活動全体を通じておこなう」とあります。また、各学校に育成を目指す資質・能力として「答えが一つではない課題に誠実に向き合い、それらを自分のこととして捉え、他者と協働しながら自分の答えを見いだしていく思考力、判断力、表現力等」「これらの基になる主体性を持って多様な人々と協働して学ぶ態度」の育成を求めています。高等学校には小中学校のように道徳科がありませんから、公民科に新たに設けられた「公共」及び「倫理」並びに特別活動を人間としての在り方生き方に関する教育を通して行う高校の道徳教育の中核的な指導の場面として関連付けることになります。

　このような改訂が行われた背景としては、「諸外国に比べて高校生の自己肯定感や社会参画への意識低いこと」、そして「グローバル化の進展」「情報通信技術など、科学技術の進歩」「かつてないスピードでの少子高齢化の進行」など与えられた正解のない社会状況が進行していることなども挙げられます。

　学校全体の教育活動の中で、生徒一人一人が道徳的価値の自覚のもとに自ら感じ、考え、他者と対話し協働しながら、よりよい方向を目指す資質・能力を育成していくことが重要であり、このような資質・能力を育成していくときに、道徳教育は大きな役割を果たすと考えられます。

第8章

学習評価

第1節 »» 多様な評価のやり方

　解説総合的な探究の時間編では、生徒の具体的な学習状況の評価の方法を三つあげています。

①信頼される評価の方法であること

②多面的な評価の方法であること

③学習状況の過程を評価する方法であること

　信頼される評価とするためには、教師の適切な判断に基づいた評価が必要であり、著しく異なったり偏ったりすることなく、およそどの教師も同じように判断できる評価が求められます。例えば、あらかじめ指導する教師間において、評価の観点や評価規準を確認しておき、これに基づいて生徒の学習状況を評価するなどが考えられます。この場合には、それぞれの学校において定められた評価の観点を、一単位時間で全て評価しようとするのではなく、年間や、単元などの内容のまとまりを通して、一定程度の時間数の中において評価を行うように心がける必要があります。

　生徒の成長を多面的に捉えるためには、多様な評価方法や評価者による評価を適切に組み合わせることが重要です。多様な評価の方法としては、次のようなものが考えられますが、いずれの方法も、生徒が総合的な探究の時間を通して資質・能力を育てることができているかどうかを見ることが目的です。成果物の出来映えをそのまま総合的な探究の時間の評価とすることは適切ではなく、その成果物から、生徒がどのように

探究の過程を通して学んだかを見取ることが大切なことです。

➢ プレゼンテーションやポスター発表などの表現による評価
➢ 討論や質疑の様子などの言語活動の記録による評価
➢ 学習や活動の状況などの観察記録による評価
➢ 論文・報告書、レポート、ノート、作品などの制作物、それらを計画的に集積したポートフォリオ（小学校中学校からの蓄積があると望ましい）による評価
➢ 保護者や地域社会の人々等による第三者評価など

　評価方法としては、学習の過程や成果を、教師が直接評価する方法（直接評価）と生徒自身が自分を評価、生徒同士が相互に評価する方法（間接評価）がありますが、教師が直接生徒を評価する以外の評価は生徒の学習活動ですので、間接評価はあくまでも生徒自身の振り返りとして位置付けることが適切です。

　また、客観テストや質問紙調査など測定や評価の客観性を重視する場合には量的評価を行うことが適切ですが、個々の生徒の学習や指導の改善のための情報を得るには、パフォーマンス評価（ルーブリックなどにより評価規準の明確化・共有化を図る）、ポートフォリオ評価などの質的評価を行うことが適しています。

　学習状況の結果だけではなく過程を評価するためには、評価を学習活動の終末だけではなく、事前や途中に適切に位置付けて実施することが大切です。学習活動前の生徒の実態の把握、学習活動中の生徒の学習状況の把握と改善、学習活動終末の生徒の学習状況の把握と改善という、各過程に計画的に位置付けられることが重要です。また、全ての過程を通して、生徒の実態や学習状況を把握したことを基に、適切な指導に役立てることが大切です。

　総合的な探究の時間では、生徒に個人として育まれるよい点や進歩の状況などを積極的に評価することや、それを通して生徒自身も自分のよい点や進歩の状況に気付くようにすることも大切であり、グループとし

ての学習成果に着目するのではなく、一人一人の学びや成長の様子を捉える必要があります。そうした個人内評価を行うためには、一人一人が学習を振り返る機会を適切に設けることが重要です（p135-136）。

第2節 »»» ルーブリック

　総合的な探究の時間や特別活動における生徒の学習状況の評価するときには、ペーパーテストなどの評価の方法によって数値的に評価することは適当ではありません。

　解説総合的な探究の時間編によると、総合的な探究の時間の評価については、「各学校が設定する評価規準を学習活動における具体的な生徒の姿として描き出し、期待する資質・能力が発揮されているかどうかを把握することが考えられる。その際には、具体的な生徒の姿を見取るに相応しい評価規準を設定し、評価方法や評価場面を適切に位置付けることが欠かせない（p135）」とあります。

　解説特別活動編によると、また、特別活動の評価については、「各活動・学校行事で評価を行うとき、具体的な評価の観点を設定し、評価の場や時期、方法について評価を受ける生徒に対して明らかにする必要があります。その際、特に学習過程についての評価を大切にするとともに、生徒会活動や学校行事における生徒の姿をホームルーム担任以外の教師とも共通理解を図って適切に評価できるようにすることが大切です（p127）」とあります。特別活動と総合的な探究の時間の学習指導要領解説には、生徒の学習状況の評価についてそれぞれ記載してありますが、ルーブリック評価と考えると分かりやすいです。

　栗田（2017）によるとルーブリックとは、レポートやプレゼンテーション等のパフォーマンスの質を評価するための評価軸を可視化したものであり、「ある課題をいくつかの構成要素に分け、その要素ごとに評

価基準を満たすレベルについて詳細に説明したもの」（スティーブンス＆レビ 2014）と定義しています。ルーブリックについては、①課題、②評価の観点（課題が求める具体的スキル・知識）、③評価の尺度（達成レベル）、④評価の基準（具体的フィードバック内容）の四つの要素によって構成されるとしています。この四つの要素について考えると

①課題についてです。レポート、プレゼンテーション等、教師が生徒に期待する行動が含まれた課題を示します。教師は生徒のどのような知識やスキルを測定したいのか、授業の目的・目標を振り返りながら課題を設定しそれを明示します。

②評価の観点についてです。生徒に身に付けさせたい（測定したい）スキル・知識等が過不足なくあげられていることが重要です。ただ多すぎると採点するのが難しくなるので５個くらいが適切です。例えば、「構成」「レベル設定」「学習意欲」です。なお、行動の質については評価の基準で定義するために評価の観点に入れません。

③評価の尺度についてです。与えられた課題が達成されたレベルを示すための尺度です。評価の尺度は１〜５段階で区分するのが一般的であり、あまり評価の尺度を多くすることはすすめません。段階数が決まったらそれぞれのレベルを決めます。例えば、優秀→良→要再学習、卓越→有能→初歩などです。明確かつ教育的配慮のあるラベルにします。

最後に④評価の基準についてです。それぞれの評価の観点について尺度ごとの到達度を具体的に記述します。採点者がレベル判定に迷わないように、レベル間の違いが明確で、なおかつ採点者に解釈の余地を与えない基準を記述することが重要です。例えば、（最高レベル）→（最低レベル）→間のレベル）順位に考える。

評価の基準が一通り作成できたら生徒に身に付けさせたい（測定したい能力）を過不足なくはかる評価観点となっているかどうか、尺度のレベル差が明確な評価の基準が記述できているかどうか、もう一度見直すことが必要です。これを絶対としないで、適宜、加筆・修正をすること

が大切です。

ルーブリックは教師だけが用いるものではありません。生徒がルーブリックを用いて自身の課題を自己評価したり、仲間の課題を総合評価したりすることもあります。また、ルーブリックの作成自体に参加することもあります。また複数の教師がルーブリックの作成やルーブリックを用いた評価に関わることもあります。

複数の採点者の評価結果が成績に反映される場合には、採点の客観性を担保できるよう注意を払う必要があります。採点者の主観を完全に排除することはできませんが、ルーブリックの精度を高めたり、採点者に練習の機会を与えたりして複数の採点者間の評価に一貫性を持たせることは重要です。

採点者に練習の機会を与え採点者間の評価に一貫性を持たせる取組はルーブリックの作成に参加していないメンバーが採点者に含まれる場合に有効です。

評価の観点や基準を可視化するルーブリックは教師にとっても生徒にとってもメリットが多い半面、デメリットもあります。

教師のメリットとしては、①課題の意図を生徒に伝えやすい②採点時間の短縮かつ丁寧なコメントが可能③授業改善に役立てることができる。デメリットとしては、①良いルールブックの作成が難しい②ルーブリック作成に時間がかかる。

生徒のメリットとしては、①課題の意図、評価の基準を知ることができ学習のガイドとして利用できる②生徒が自己評価に用いる場合、自己の学習活動の振替が可能となり、さらなる学習の促進につながる③丁寧かつタイムリーなフィードバックが期待できる。デメリットとしては、①ルーブリックに示された観点にのみ注目して課題に取り組んでしまい、学びの範囲が制限される。などがあります。

ルーブリックにより、生徒に事前に評価の観点や基準を可視化することで到達目標を示すことができ見通しを持たせて取り組ませることがで

きますし、自己評価を行えば振り返りをすることもできます。メリットがある半面、ルーブリックの作成に技術や時間がかかる難しさもあります。教師が生徒の質的な部分を評価するには適した評価方法であると思います（p94-97）。

第3節 »»» 学習評価

高等学校学習指導要領（2018）において、学習評価については「生徒のよい点や進歩の状況などを積極的に評価し、学習したことの意義や価値を実感できるようにすること。また、各教科・科目等の目標の実現に向けた学習状況を把握する観点から、単元や題材など内容や時間のまとまりを見通しながら評価の場面や方法を工夫して、学習の過程や成果を評価し、指導の改善や学習意欲の向上を図り、資質・能力の育成に生かすようにすること。」と学習評価を実施するにあたっての留意事項が記載されています。

解説総則編では、学習評価については、学校における教育活動に関し、生徒の学習状況を評価するものである。「生徒にどういった力が身に付いたか」という学習の成果を的確に捉える必要がある」とあります。学習評価は、ひとつは教師が自身の指導の改善を図るため、もうひとつは生徒自身が自らの学習を振り返って次の学習に向かうことができるようにするためです。

評価に当たって留意すべきこととしては、いわゆる評価のための評価に終わることなく、教師が生徒のよい点や進歩の状況などを積極的に評価し、生徒が学習したことの意義や価値を実感できるようにすることで、自分自身の目標や課題をもって学習を進めていけるように、評価を行うことが大切です。

実際に評価するときには、定めた目標の実現に向けた学習の状況を把

握するために評価の場面や方法を工夫する必要があります。学習の成果
だけでなく、学習の過程を重視することが大切であり、特に「学習の過
程」は重要なので適切な場面での評価が必要です。

　評価の際には、他者との比較ではなく、生徒一人一人のよい点や可能
性などの多様な側面、進歩の様子など把握し、学年や学期にわたって生
徒がどれだけ成長したかという視点で評価をする必要があります。そし
て評価をする人ですが、教師による評価はもちろんですが、生徒による
学習活動としての相互評価や自己評価などを取り入れるとよいでしょう。
相互評価や自己評価は、生徒自身の学習意欲の向上にもつながりますし、
自分を振り返る良い機会にもなります。ただし、相互評価や自己評価は
教師の直接評価ではないので、学習活動の一環という扱いになります。

　資質・能力の三つの柱の一つである「学びに向かう力、人間性等」に
は①「主体的に学習に取り組む態度」として観点別評価（学習状況を分
析的に捉える）を通じて見取ることができる部分と、②観点別評価や評
定にはなじまず、こうした評価では示しきれないことから個人内評価
（個人のよい点や可能性、進歩の状況について評価する）を通じて見取る部分
があることにも留意する必要があります。

　資質・能力のバランスのとれた学習評価を行っていくためには、論述
やレポートの作成、発表、グループでの話合い、作品の制作等といった
多様な活動を評価の対象とし、ペーパーテストの結果にとどまらない、
多面的・多角的な評価を行っていくことが必要でしょう（p130-132）。

第4節 »»» 総合的な探究の時間の評価

　高等学校学習指導要領（2018）第1章総則第3款2によると、総合的
な探究の時間の学習評価を行うに当たっての配慮事項として、（1）生徒
のよい点や進歩の状況などを積極的に評価し、学習したことの意義や価

値を実感できるようにすること。また、各教科・科目等の目標の実現に向けた学習の状況を把握する観点から、単元や題材など内容や時間のまとまりを見通しながら評価の場面や方法を工夫して、学習の過程や成果を評価し、指導の改善や学習意欲の向上を図り、資質・能力の育成に生かすようにすること。（2）創意工夫の中で学習評価の妥当性や信頼性が高められるよう、組織的かつ計画的な取組を推進するとともに、学年や学校段階を越えて生徒の学習の成果が円滑に接続されるように工夫すること。」と示されました。キーとなるセンテンスとしては、「生徒のよい点や進捗状況を積極的に評価」「評価の場面や方法を工夫」「学習の過程や成果を評価」「指導の改善や学習意欲の向上を図る」「組織的かつ計画的な取組」等でしょうか。学習成果を評価するだけでなく、学習の過程も評価するということは留意すべき点でしょう。

　解説総則編では、学習評価は「学校における教育活動に関し、生徒の学習状況を評価するものである。「生徒にどういった力が身に付いたか（p130）」という学習の成果を的確に捉える必要がある」とあります。また、解説総合的な探究の時間編においても、学習評価は「生徒にどのような力が身に付いたか」という学習の成果を的確に捉えた上で、教師自身の指導の改善を図るためと、生徒自らの学びの振り返りと次の学びへと向かわせるために行うことを求めています（p133）。

　今まで実施してきた「総合的な学習の時間」の評価については、解説総則編では、この時間の趣旨、ねらい等の特質が生かされるよう、教科のように数値的に評価することはせず、活動や学習の過程、報告書や作品、発表や討論などに見られる学習の状況や成果などについて、生徒のよい点、学習に対する意欲や態度、進歩の状況などを踏まえて適切に評価することとし、指導要録の記載においては、評定は行わず、所見等を記述することとしてきたとあります（p130）。

　解説総合的な探究の時間編では総合的な探究の時間の学習評価については「総合的な探究の時間の特質を踏まえた上で、教師や学校が創意工

夫の中で学習評価の妥当性や信頼性が高められるよう、組織的かつ計画的な取組を推進するとともに、学年や学校段階を越えて生徒の学習の成果が円滑に接続されるように工夫することが重要である（p133）」とされました。また、「各学校が自ら設定した観点の趣旨を明らかにした上で、それらの観点のうち、生徒の学習状況に顕著な事項がある場合などにその特徴を記入する等、生徒にどのような資質・能力が身に付いたかを文章で記述すること（p134）」とあります。

　総合的な探究の時間の学習評価については、それぞれの学校が到達目標を決め、生徒の学習状況が顕著である場合などはその特徴を記入する等、生徒にどのような資質・能力が身に付いたかを文章で記述することとしています。

第5節 »»» 評価規準の設定と評価方法の工夫改善

　解説総合的な探究の時間編（2018）には、総合的な探究の時間における生徒の学習状況の評価に当たっては、これまでと同様に、ペーパーテストなどの評価の方法によって数値的に評価することは適当ではないとあります。

　具体的な評価として、各学校が設定する評価規準を学習活動における具体的な生徒の姿として描き出し、期待する資質・能力が発揮されているかどうかを把握するルーブリックがあります。

　具体的な生徒の姿を見取るに相応しい評価規準を設定し、評価方法や評価場面を適切に位置付けることが欠かせません。特に、総合的な探究の時間においては、年間や単元など内容や時間のまとまりを見通しながら評価場面や評価方法を工夫し、指導の改善や生徒の学習意欲の向上を図り、資質・能力の育成に生かすようにすることが重要になります。

　評価規準を設定する際の基本的な考え方や作業手順については、以下

のように考えることができます。

1　各学校の全体計画や単元計画を基に、単元で実現が期待される育成を目指す資質・能力を設定します。

2　総合的な探究の時間の目標や内容について各学校が設定する際には、年間や単元を通してどのような資質・能力を育成することを目指すかを設定することとしていますので、評価規準については、年間や単元を通して育成したい資質・能力をそのまま当てはめることができます。

3　各観点に即して実現が期待される生徒の姿が、特に実際の探究の場面を想起しながら、単元のどの場面のどのような学習活動において、どのような姿として実現されるかをイメージします。

　総合的な探究の時間では、生徒に個人として育まれるよい点や進歩の状況などを積極的に評価することや、それを通して生徒自身も自分のよい点や進歩の状況に気付くようにすることも大切です。

　グループとしての学習成果に着目するのではなく、一人一人の学びや成長の様子を捉える必要があります。そうした個人内評価を行うためには、一人一人が学習を振り返る機会を適切に設けることが重要です。

　今後の課題として、積極的に教師一人一人が、生徒の学習状況を的確に捉えることが求められます。そのためには、評価の解釈や方法等を統一するとともに、評価規準や評価資料を検討して妥当性を高めること（モデレーション）などが重要になります。

　教師についても学習評価に関する力量形成のための研修等を行っていく必要があると考えられます（p134-136）。

第6節 »»» 特別活動の評価

　高等学校学習指導要領（2018）第1章総則第3款2において、学習評価については「生徒のよい点や進歩の状況などを積極的に評価し、学習

したことの意義や価値を実感できるようにすること。また、各教科・科目等の目標の実現に向けた学習状況を把握する観点から、単元や題材など内容や時間のまとまりを見通しながら評価の場面や方法を工夫して、学習の過程や成果を評価し、指導の改善や学習意欲の向上を図り、資質・能力の育成に生かすようにすること」と学習評価を実施するにあたっての留意事項が述べられています。

解説総則編によると学習評価については「学校における教育活動に関し、生徒の学習状況を評価するものである。「生徒にどういった力が身に付いたか」という学習の成果を的確に捉える必要がある（p130）」とあります。

解説特別活動編によると、特別活動の評価で、最も大切なことは、生徒一人一人のよさや可能性を、生徒の学習過程から積極的に認めるようにすることです。

そして、特別活動で育成を目指す資質・能力がどのように成長しているかということを各個人の活動状況を基に評価を進めていくことも大切なことです。その際、生徒が自己の活動を振り返り、新たな目標や課題をもてるようにするために、活動の結果だけでなく活動の過程における生徒の努力や意欲などを積極的に認めたり、生徒のよさを多面的・総合的に評価したりすることも大切です。

生徒のよさを多面的・総合的に評価するために、生徒一人一人が、自らの学習状況やキャリア形成を見通したり、振り返ったりできるようにするために、自己評価や相互評価するなどを行うやり方があります。ちなみに生徒の自己評価や相互評価は学習活動ですので、自己評価や相互評価をそのまま学習評価とすることは適切ではありませんが、学習評価の参考資料として活用することにより、生徒の学習意欲の向上につなげることはできます。

また、生徒を評価すると同時に、教師自身が評価を自己の指導のやり方を工夫や改善するために生かすという視点を持つことも大切です。評

価を通して教師が指導の過程や方法について反省し、より効果的な指導が行えるような工夫や改善を図っていくという姿勢を持つことは大切なことです。

特別活動の評価に当たって、各活動・学校行事で評価を行うとき、具体的な評価の観点を設定し、評価の場や時期、方法について評価を受ける生徒に対して明らかにする必要があります。その際、特に学習過程についての評価を大切にするとともに、生徒会活動や学校行事における生徒の姿をホームルーム担任以外の教師とも共通理解を図って適切に評価できるようにすることが大切です。

特別活動については、「学習の過程」が重視されていますから、その評価にかかる様々な要素をどう設定し生徒に伝えていくかがポイントになります（p127）。

引用・参考文献

田口哲男『高校生に確かな学力をつける』学事出版、2018

田口哲男「総合的な学習の時間における「探究的な学習」の構築に向けて —— 桐生高校のスーパーサイエンスハイスクールの取組を通して ——」高崎経済大学論集第60巻第4号、2018

中央教育審議会「我が国の高等教育の将来像（答申）」2005

中央教育審議会「2040年に向けた高等教育のグランドデザイン（答申）」2018

中央教育審議会「新しい時代にふさわしい高大接続の実現に向けた高等学校教育、大学教育、大学入学者選抜の一体的改革について（答申）」2014

中央教育審議会教育課程部会「次期学習指導要領等に向けたこれまでの審議のまとめについて（報告）」2016

中央教育審議会教育課程企画特別部会「教育課程企画特別部会における論点整理について（報告）」2015

高大接続システム改革会議「高大接続システム改革会議「最終報告」」2016

日本経済新聞「AIと世界 —— AIと競い共に働く ——」1月30日付、2017

総務省「情報通信白書平成30年度版」第1部　特集　人口減少時代のICTによる持続的成長　第5節　ICTの進化によるこれからのしごと（1）AI時代に求められる能力

http://www.soumu.go.jp/johotsusintokei/whitepaper/ja/h30/html/nd145310.html

中央教育審議会教育課程部会「次期学習指導要領等に向けたこれまでの審議のまとめについて（報告）」2016

国立青少年教育振興機構「高校生の勉強と生活に関する意識調査報告書 —— 日本・米国・中国・韓国の比較 ——」2017

ベネッセ教育総合研究所「第5回教育基本調査」2015

石井英真『中教審「答申」を読み解く』日本標準、2017

永井孝尚『あなたという商品を高く売る方法』NHK出版、2017

松野文部科学大臣コメント

  http://www.mext.go.jp/a_menu/shotou/gakuryoku-chousa/sonota/
  detail/1380073.htm（2016.12.6）

田村知子『実践カリキュラムマネジメント』ぎょうせい、2011

森朋子「アクティブラーニングを深める反転授業」安永悟、関田一彦、水野正朗編『ア
  クティブラーニングの技法・授業デザイン』東信堂、2016

中央教育審議会教育課程部会（第96回）議事録・生重委員（2016年4月20日）
  http://www.mext.go.jp/b_menu/shingi/chukyo/chukyo3/004/gijiroku/1382056.htm

溝上慎一『高等学校におけるアクティブラーニング：理論編』東信堂、2016

国立教育政策研究所『資質・能力（理論編）』東洋館出版社、2016

中央教育審議会「新たな未来を築くための大学教育の質的転換に向けて～生涯学び続
  け、主体的に考える力を育成する大学へ～（答申）」2012

中央教育審議会「幼稚園、小学校、中学校、高等学校及び特別支援学校の学習指導要
  領等の改善及び必要な方策等について（答申）」2016

文部科学省「高等学校学習指導要領」2018

文部科学省「中学校学習指導要領」2017

文部科学省「小学校学習指導要領」2017

文部科学省「高等学校学習指導要領（平成30年告示）解説特別活動編」2018

文部科学省「高等学校学習指導要領（平成30年告示）解説総合的な探究の時間編」2018

文部科学省「高等学校学習指導要領（平成30年告示）解説総則編」2018

溝上慎一　溝上慎一の教育論「現場の改革に繋げよ！－学習指導要領改訂（案）に対す
  るコメント」http://smizok.net/education/subpages/a00018（national%20curriculu
  m%20comment）.html

経済産業省産業構造審議会総会（2017.5.18）で配布された内閣府「平成25年度 我が国
  と諸外国の若者の意識に関する調査」より経済産業省作成

（財）日本青少年研究所「高校生の生活意識と留学に関する調査報告書」(p23)、2012

栗田佳代子『インターラクティブ・ティーチング－アクティブ・ラーニングを促す授
  業づくり』河合出版、2017

［著者紹介］

田口哲男　Tetsuo Taguchi

明和学園短期大学教授　公立大学法人高崎経済大学非常勤講師。

専門は教科教育学（総合的学習、特別活動、道徳、理科、進路指導、生徒指導など）、教育学（教育の方法、学校教育など）

群馬県立松井田高等学校、群馬県立渋川高等学校、群馬県立高崎高等学校、群馬県教育委員会高校教育課指導主事、群馬県立高崎女子高等学校教頭、高崎経済大学高等学校課長、高崎市教育委員会高等学校課長、高崎市立高崎経済大学附属高等学校校長、群馬県立吉井高等学校校長、群馬県立桐生高等学校校長を歴任

著書に『高校生に確かな学力をつける』（学事出版、2018年、単著）『高大連携と能力形成』（日本経済評論社、2013年、共著）「NOLTY スコラ 探究プログラム」（ノルティプランナーズ、2019年、監修）など

高校における学びと技法
―探究で資質・能力を育てる―

2019 年 11 月 25 日　　　初版第 1 刷発行

著　　者　　田口　哲男

発行者　　菊池　公男

発行所　　株式会社 一 藝 社
〒160-0014 東京都新宿区内藤町 1 － 6
TEL 03-5312-8890
FAX 03-5312-8895
振替　東京 00180-5-350802
E-mail : info@ichigeisha.co.jp
HP : http://www.ichigeisha.co.jp

印刷・製本　　モリモト印刷株式会社

©Tetsuo Taguchi 2019 Printed in Japan

ISBN 978-4-86359-198-1 C3037
乱丁・落丁本はお取り替えいたします